엄마와 연애할 때

엄마와 연애할 때

작가 임경선의 엄마 – 딸 – 나의 이야기

임경선

마음산책

엄마와 연애할 때

1판 1쇄 발행 2012년 7월 20일
1판 18쇄 발행 2022년 5월 25일
특별판 1쇄 발행 2023년 6월 15일

지은이 | 임경선
펴낸이 | 정은숙
펴낸곳 | 마음산책

등록 | 2000년 7월 28일(제2000-000237호)
주소 | (우 04043) 서울시 마포구 잔다리로3안길 20
전화 | 대표 362-1452 편집 362-1451   팩스 | 362-1455
홈페이지 | www.maumsan.com
블로그 | blog.naver.com/maumsanchaek
트위터 | twitter.com/maumsanchaek
페이스북 | facebook.com/maumsan
인스타그램 | instagram.com/maumsanchaek
전자우편 | maum@maumsan.com

ISBN 978-89-6090-140-7 03810

* 책값은 뒤표지에 있습니다.

나는 결코 아이에게
"네가 나의 꿈이고 희망이고 미래야. 너의 꿈이 나의 꿈이지"
같은 말을 하고 싶지 않다. 언젠가 그 말이
"내가 너 때문에 얼마나 고생했는지 알아?"라는 말로
바뀔까 봐 두렵기 때문이다.

특별판 서문

영원한 짝사랑

작가에게는 그가 쓴 모든 책이 소중하겠지만 그것과는 별개로 '오로지 그때만 쓸 수 있는 책'이라는 것이 있다. 내게는 『엄마와 연애할 때』가 바로 그러한 책이다. 임신, 출산 그리고 육아를 거친 약 5년간 나는 제정신이 아니었던 것 같다. 불과 얼마 전까지 나와 한 몸이었던 내 새끼를 지키기 위해서라면 어미 사자처럼 온 세상을 물어뜯을 수 있었던, 그런 야만의 시절이었다. 아, 그때 내가 얼마나 예민하고 극도로 감정적이었는지. 몸의 모든 반응이 내가 한낱 포유동물에 불과하다는 것을 겸허히 일깨워주는 와중에 여리디여린 한 존재에게 꼼짝없이 묶여 있던 그 시기를 훗날 이토록 그리워하게 될 줄은 몰랐다. 그러거나 말거나 시간은 착실히 흘러 책 속의 아기는 어느덧 지난봄에 고등학생이 되었다.

그 후 아기는 어떤 아이로 자랐을까?

『엄마와 연애할 때』를 읽은 독자분들은 종종 궁금해했다. 그러면 나는 '학교 단체 사진을 찍을 때 맨 가장자리에 서 있는 아이'로 컸다고 말씀드린다. 무리의 맨 앞 중심에 자리 잡거나 예쁜 포즈를 취하는 일은 결코 없다. 십중팔구 '아 귀찮아' 같은 심드렁한 표정으로 늦게 합류해 맨 끄트머리에 겨우 엉거주춤 서 있는 모양새다. 나는 그 모습을 확인할 때마다 피식 미소가 지어지면서 그 아이를 사랑하는 마음에 심장이 아려온다. 이 아이는 '인기 많고 주목받는 학생'이 되는 일에 별 관심이 없어 보이고 '내가 좋으면 된 거지'라고 생각하는 듯하다. 중학교 때 첫 등교일 빼고는 발랄한 교복 치마 대신 '편한 게 최고'라며 밋밋한 교복 바지만 3년 내내 입고 다닌 것도 비슷한 맥락일 것이다.

*

2012년 여름에 출간된 『엄마와 연애할 때』는 감사하게도 출간 이래 꾸준히 사랑을 받았다. 불완전하지만 있는 그대로의 모습으로 아이와 마주할 수 있는 귀한 기쁨에 많이 공감해주신 덕분이다. 이 책은 교훈적이거나 가족주의적이지 못하다. 새로 얻게 된 엄마라는 정체성 이전에 '나'를 잃지 않으려는 인간적인 마음이 날것 그대로 적혀 있다. 유용한 육아 정보나 똑 부러진 훈육 팁 같은 것은 찾아보기 어렵다. 그럼에도 불구하고 윤서의 성장을 다정하게 지켜봐주신 독자분들은 몸소 엄마와 아빠가 되는 시기를 거치면서 내게 진지한 질문을 하나둘 던지기 시작했다.

"아이를 키우면서 반드시 지키는 원칙이나 교육 철학이 있는지?"

그…… 그런 게 나한테 있었나? 이런 질문을 받을 때마다 부끄럽고 민망하기 짝이 없다. 안타깝게도 지금의 나는 책 속의 나와 달라진 게 거의 없는 것 같다. 늘 해오던 것처럼 내 글을 쓸 시간과 여유를 확보하느라 아이한테 가급적 신경을 덜 쓰게끔 환경을 세팅하는 데 허덕일 뿐, 나는 결코 대한민국의 유능하거나 모범이 될 만한 엄마가 되지 못했다.

하지만 그런 나라도 아이를 키우는 방식에 있어서 어떤 일관된 태도는 있었을 터였다. 곰곰이 생각해보니 한 가지 명징한 특징이 있었다. 아이를 15년간 키우면서 아이한테 '하지 마(NO)'라는 말을 거의 한 적이 없었다. 그것은 내가 너그럽고 이해심이 깊고 무슨 거창한 철학이 있어서가 아니라 기본적으로 내가 그런 말을 들으며 자라지 않았기에 누구한테 이래라저래라 하는 것을 무척 싫어한 탓이었다. 나는 해가 져서 깜깜해지고 저녁 먹을 시간이 지나도 아이가 놀이터에 있겠다고 하면 직성이 풀릴 때까지 놀게 했고, 입고 싶은 대로 입게 내버려두었고, 친구들과 낯선 동네를 밤험하는 것도 말리지 않았다. 스스로 탐색할 심리적, 물리적 공간은 최대한 자유롭게 마련해주되 신체에 위협이 되는 상황이나 그 경계에 대해서

만 사전에 구체적으로 일러주었다. 그러지 않으면 아이를 불안하게 만드는 '방임'이 되어버리기 때문이다. 평소에 YES로 아이의 욕구를 대부분 수용하면 결정적 순간에 NO라고 했을 때 아이는 칼같이 알아듣고 그 일을 바로 멈춘다. NO를 남용하지 않은 덕분에 그 말에 무게가 실린다는 것을 알았다.

어렸을 때부터 제힘으로 결정, 선택해서 실천을 해보는 습성이 몸에 배어 결과적으로 아이는 겁이 없고 자율적이며 독립적인 성격을 갖게 되었다. 초등학교에 입학하면서 숙제나 준비물을 스스로 챙겼고 혼자 해보다가 모르는 게 있거나 도움이 필요하다고 판단되면 거침없이 질문하고 도움을 요청했다. 엄살도 없었고 그렇다고 센 척도 하지 않았다. 기면 기고 아니면 아니었다. 어린 것치고는 자기 생각이 제법 견고했다.

열한 살 무렵, 둘이서 포르투갈 리스본으로 여행을 갔는데 경사진 돌길에서 내가 발을 헛디디며 넘어져 무릎을 다친 적이 있었다. 다음 날 아침 예정된 일정을 앞두고 숙소 침대에 누워 위축된 표정으로 한숨을 쉬던 내게 아이가 이렇게 말했다.
"어제는 어제고, 오늘은 오늘이잖아."
아이는 내 감정에 휘둘리지 않았고 애써 내 비위를 맞추려 하지 않았다. 그러면서 아닌 건 아니라고 담담하게 꼬집어주었다. 내가 힘이 빠지고 불안했을 때, 아이의 저 담담한 말은 큰 용기가 되었고 그날 우리는 기대했던 것보다 더 멋진 하루를 보낼 수 있었다.

*

또 가끔 『엄마와 연애할 때』의 독자분들은 훗날 내가 어떤 학부형이 되었는지를 궁금해했다. 책은 아이가 취학하기 전까지의 이야기만 담고 있으니 아무래도 아이가 커서 한국의 극심한 입시 환경에 편입된 뒤에는 나도 어쩔 수 없이 달라졌으리라 여기는 듯했다. 한데 그런 상황은 벌어지지 않았다. 나는 다른 학부모들과 입시 정보를 나누기 위해 교류하지 않았고, 아이 학교에서 어떤 역할도 맡은 적이 없으며, 교외의 과외활동이나 교육 프로그램 등을 알아본 적도 없었다. 사교육만 국영수 최소한으로, 집에서 걸어 다닐 수 있는 곳으로 알아보는 일만 했는데 그 경우마저도 내가 직업적으로 하는 일과 괴리가 너무 심해서(부동산이나 재테크도 마찬가지다) 힘들어했다. 특히 소설을 쓰는 동안에 아이 교육 문제를 피치 못하게 신경 써야 할 때면, 과장하는 것 같겠지만 정말로 영혼이 갈가리 찢기는 고통을 느꼈다. 내가 잘할 수 없는 것은 끝까지 잘할 수가 없고 독립적인 성향의 아이에게 기대어 여태껏 버텨온 셈이다.

대신 내가 할 수 있는 거라고는 아이가 열 살 무렵부터 방학 때마다 둘이서 여행을 다닌 일이다. 나는 이 여행들을 위해서 열심히 일해 돈을 모았고 우리는 교토, 싱가포르, 치앙마이, 리스본, 런던, 암스테르담, 파리, 도쿄를 함께 다녀왔다. 하지만 이 역시도 박물관이나 미술관, 역사적 명소를 다니며 아이에게 식견을 쌓게 해주는 여행과는 거리가 멀었다. 내가 취재할 장소나 가고 싶은 곳을 주로 다녔을 뿐이다. 아, 숙소에 집착하는 엄마를 따라 아이는 호텔도 자주 옮기며 귀찮게 지내야 했다.

가뜩이나 변수가 많은, 아이와 단둘이 다니는 여행은 매 순간이 아슬아슬한 모험이었다. 내가 다치기도 하고, 아이가 열이 나기도 하고, 잠시 길을 잃기도 하고, 엉뚱한 장소에 내려 몇 시간을 굶주리며 걷기도 하고…… 하지만 그럴 때마다 아이들이 가진 유연한 낙관성에 늘 놀라곤 했다. 낯선 곳에서도 머리가 아닌 본능적 감각으로 많은 것을 절로 파악하며 흡수하고, 두려움 없이 호기심을 가지고 새로운 환경조건을 받아들이며 거기에 적응해내는 것이다. 불확실성을 겪는 만큼 아이는 부족한 부분을 스스로 채우며 여행 중에 부쩍 몸과 마음이 자라나는 듯했다. 나는 이런 모녀 여행이 구체적으로 어떻게 아이한테 도움이 될지 생각해본 적 없지만 아이와 우여곡절을 함께 겪으며 즐거웠던 것만으로 충분했다. 그런 여행들도 오로지 그때만 누릴 수 있는 종류의 기쁨이라는 것을 시간이 지나고 나서야 겨우 알게 되었다. 생각해보면 아이와 보내는 모든 시간은 '오로지 그때만의 것'일지도 모르겠다.

*

문득 아이가 초등학교 입학을 앞둔 2014년 2월 24일, 뾰로통한 입술로 한숨을 내쉬며 이런 말을 했던 게 기억난다.

"금요일 지나고 다음 주 월요일에 바로 초등학생이 되는 게 말이 돼? 아니 세상에 이게 말이 되냐구! 난 아는 게 아무것도 없어. 유치원에서 배운 것밖엔 아는 게 없다구!"

갓 유치원을 졸업한 아이가 복잡한 심경을 절절하게 털어놓던 광경은 그저 귀엽고 웃겼지만 지나고 보니 꽤 일리 있는 말이라는 생각이 들었다. 초등학교 입학을 앞두고 아이가 겪었던 불안과 두려움은 어른이 된 우리도 경험했던 일 아닌가. 사실 지금도 인생의 다음 단계로 넘어갈 때마다 과연 이것을 해낼 수 있을까 막막하기만 하다. 나이를 먹어도 늘 아는 게 아무것도 없는 것 같다. 적어도 나는 그렇게 느끼며 사는데. 그럼에도 '불완전하게, 있는 그대로' 살아가는 것 말고는 도저히 다른 방법을 모르겠다. 하나 아는 것이 있다면 그래도 괜찮다는 것. 그럼에도 우리는 인생을 차근차근 살아나갈 수밖에 없고 그것은 그것대로 무척 대단한 일이다.

그리고 아이와 나는 오늘도 그렇게 나아가고 있다. 고등학생이 된 아이는 의연하고 차분하게 제 할 일을 알아서 하고 나는 내 페이스대로 계속 글을 쓰고 있다. 공부하라는 잔소리를 한 번도 하지는 않았지만 그래도 "무언가 최선을 다해 열심히 해본 경험이 몸에 각인되어야 나중에 정말로 하고 싶은 일을 찾았을 때 열심히 할 수 있어. 학생 때 공부를 열심히 하는 것은 그런 의미야"라고 내 생각을 전한다. 우리가 흔히 알고 있는 성공의 지표들은 어디까지나 '수단'에 불과하고 가장 소중한 일은 자신이 바라는 행복의 모습을 찾아 그런 모습으로 살아가는 것이니까. 하지만 이내 세상을 조금 더 살아봤다고 잘난 척 그런 말을 늘어놓은 스스로가 부끄러워졌다. 아이의 방을 치우다가 아이가 새해의 다짐을 적어놓은 메모장을 우연히 보게 된 이후엔 특히 더.

'올해에는 실수해도 괜찮으니 도전하고, 실패하고, 성장하는 한 해가 된다면 좋겠다.'
'표현을 많이 하고 싶다. 슬프든 기쁘든 고마운 마음이 들면 내 마음속에 있는 말을 그대로 표현할 수 있는 사람이 되면 좋겠다.'
'누구나 난관을 거치며 산다. 그런 난관과 어려움을 통해 꼭 배움을 남기자.'
'올해의 나는 진실된 사람이면 좋겠다.'

세상에, 언제 이렇게 마음이 훌쩍 커버린 것일까.

윤서야―

나는 갈라진 목소리로 가만히 그 이름을 불러본다.

실수해도 괜찮고 도전해서 실패해도 돼. 어려움과 난관은 살면서 어쩔 수 없이 찾아오지만 부디 최소한만 겪었으면 좋겠구나. 하지만 꼭 성장하지 않아도, 배움을 남기려 애쓰지 않아도 돼.

마음속에 있는 여러 감정을 많이 표현하고 사는 것. 그것은 용기를 필요로 하고, 때로는 상대나 너 자신을 상처입히기도 할 거야. 하지만 그러는 과정에서 너는 저절로 진실된 사람이 되어 있겠지.

메모장을 손에 쥐고 나는 마음속으로 겨우 혼자 중얼댄다.

아이가 쓴 글귀를 읽으며 이젠 정말로 아이가 우리 곁에 머물 시간이 몇 년 남지 않았음을 가슴 시리게 실감한다. 부디 자유롭고 독립적인, 이타적인 어른이 되기를 바라고 있다. 아이가 커갈수록 점점 품에서 멀어지는 것 같아 서운해하는 부모의 보편적인 마음도 이해가 되지만 나는 해가 거듭될수록 이 아이를 더 많이 사랑하는 것만으로 충분하다. 물론 가끔은 내가 더 좋아하는 것 같아 억울하지만 부모에게 아이는 영원한 짝사랑 상대 아닌가. 이 짝사랑만큼은 무척 근사한 기분인 것이다.

『엄마와 연애할 때』는 분명 '오로지 그때만 쓸 수 있는 책'이었지만 그와 동시에 '시간의 흐름과 상관없이 읽히는 책'이 되었다.

오래도록 그럴 것 같다. 독자분들의 변함없는 사랑에 감사할 따름이다.

2023년 초여름에
임경선

초판 서문

나는 유능한 엄마보다 충족된 엄마, 남들만큼 하는 엄마보다 남들과는 다를 수 있는 엄마인 것이 좋았다. 엄마 노릇은 나름 최선을 다해 열심히 해보겠다만, 이기적인 나는 엄마이기 전에 여자이자 한 인간으로서 스스로를 존중하고 싶었다. 다행히 아이라는 존재는 여태까지 내가 파악한 바에 의하면 이 세상에서 가장 제멋대로인 존재라, 나와 상관없이 태어난 그 순간부터 자기가 알아서 독자적이고 개별적인 인생을 움직이기 시작했다.

어쩌면 엄마라는 존재는 생각만큼 그리 대단하지도, 대단할 필요가 없을지도 모른다. 나는 어깨 힘을 빼고 자유롭고 자연스럽게 아이와 함께 호흡하며 걸어나갈 것이다.

2012년 여름
임경선

차례

특별판 서문 영원한 짝사랑 7
초판 서문 17

날것의 육아

내성적인 유전자 23
딸엄마 30
내 곁에 머물러줄 아이 35
짐승의 본능 39
딜레마 45
슬픈 젖가슴 49
달덩이 54
그땐 그랬지 59
나를 안아줘 66
너 때문에 글발 후져졌어 69

불완전하게, 있는 그대로

원더풀 투나잇 75
익숙한 것과의 이별 80
친절한 금자씨 83
아가들은 안다 88
미아 93
라디오천국의 아빠들 96
괴물 101
엄마의 죄의식 105
옛 연인을 찾아가는 여정 109

달콤한 행복

눈부시게 아름다운 열일곱 115
어린이집 가는 길 120
소풍과 도시락 125
남의 남편들 129
이태원 프리덤 133
우리 둘이서 137
네가 무리하는 건 싫어 142
크리스마스이브 대작전 147
아이와 함께 여행하기 152
친구 사귀는 건 참 어려운 일이야 158
너의 미래에 두근거려 164

매일매일 이별하기

그녀의 뒷모습 171
냉철한 엄마들 177
평범한 아이는 싫어 183
한남동에서 생긴 일 187
꿈꾸는 엄마 191
바깥놀이 195
왜 자꾸자꾸 안 웃어? 200
어둠 속의 대화 205
결혼 생활의 슬픔과 기쁨 211

에필로그 천천히 안녕 228
사진첩 · 윤서의 여섯 살 인생 230

날것의 육아

내성적인 유전자

아이는 유치원 입학 전날 밤, 자신이 가장 좋아하는 원피스를 골라놓고 곤히 잠이 들었다. 긴장한 건 되레 엄마였다. 지난날에 대한 상념으로 쉽게 잠들지 못했다.

다섯 살 무렵 나는 일본 요코하마에서 살았다. 원래는 집에서 빈둥거리며 지냈는데 어느 날 무작정 근처 유치원에 다니겠다고 엄마를 졸랐다. 어린것이 몸소 나서서 유치원 가겠다는 게 기특해서였는지 지갑 사정이 넉넉하지 않았지만 엄마는 나의 청을 들어주었다. 그맘때 기억이라는 것이 정확하긴 힘들지만, 그럼에도 막상 유치원에 다녔을 땐 그다지 행복하지 않았다는 기억만이 아스라하게 여태 몸에 남아 있다.

한 장면이 스친다. 햇볕이 이글거리는 한여름, 유치원의 복숭아반 아이들은 옷을 다 벗고 아래 속옷만 걸친 채 집에서 가져온 마요네즈나 케첩 플라스틱 튜브에 물을 담아 마당에서 물 뿌리기 놀이를 했다. 튜브가 망가져서 나 혼자만 물이 안 나왔는지 아니면 뛰어놀다가 속옷에 실례를 했는지는 모르겠지만, 그 떠들썩한 무리에서 벗어나 선생님의 시선을 피해 벽 쪽 구석에 몰래 숨어 눈물이 나는 것을 억지로 참았다.

나는 엄마가 손수 마련해준 준비물이 성하지 않아 분했거나 속옷에 실수를 했다는 사실이 부끄러워 견딜 수가 없었던 것 같다. 아니면 애초에 애들과는 확연히 다른, '게이센(경선)짱'이라는 이질적인 이름으로 불렸던 것이 모든 고통의 이유였을 수도 있다. 다행인지 불행인지, 행복하지 않았던 느낌을 확인시켜준 다른 사건들은 기억이 나질 않는다. 다만 유치원 생활이 그다지 행복하지 않았다는 것을 아는 이유는, 내가 유치원에 다니면서 가장 기뻤던 날이 졸업식 날이었기 때문이다.

꾹꾹 참으며 유치원 일 년을 다 채워 다녔던 것은 엄마를 졸라 무리해서 들어갔다는 책임감 때문이었다. 그때부터 어른이 되기까지 단 한 번도 부모님한테 힘들다 어떻다 속내를 내비치거나 어리광, 투정을 부렸던 적이 없었다. 나는 그저 혼자 알아서 잘하는 아이였다. 어느 시점엔가 엄마한테 내가 졸라서 다니기 시작하긴 했지만 솔직히 좀 다니기 싫어졌다고 나름의 신호를 보낼 수도 있었을 텐데, 내 성격으로는 도저히 그럴 수 없었을 것이다. 우리 막내가 기특하게도 자기가 먼저 유치원에 가고 싶다고 말했다며 조심스레 자랑을 하는 엄마 모습이 떠올라 도저히 토로할 타이밍을 못 찾았을 것이다.

 엄마의 시무룩한 얼굴을 지켜보느니 괴롭지만 눈 딱 감고 일 년만 유치원을 다녀주는 게 낫겠다고 판단할 정도로 나는 징그럽고 조숙한 아이였을까? 어쩌면 그 모든 기억은 소심한 어린이가 내성적인 어른으로 성장해서 만들어낸 상상의 산물일 수도 있다.

 그리고 지금의 나는, 내 아이만은 부디 내 앞에서 센 척하지 않길 바라는 엄마가 되었다. 딸아이는 십오 개월 때부터 어린이집을 별 탈 없이, 무려 삼 년이나 다닌 대견한 아이였다. 어린이집에 다닐 때도 선생님들의 사랑을 한 몸에 받았고 B형 여자 특유의 뻔뻔함까지 갖췄으니 괜찮다, 싶었다. 아이가 유치원으로 옮겨 다니기 시작하면서 정신을 차리게 해주기 전까지는.

 유치원이라는 새롭고 엄격한 환경은 호락호락하지 않았다. 등원하고 첫 사흘이 어떻게 지나갔는지도 모르겠다. 겨우 한숨을 돌리고 조금만 참으면 주말이니 이제 한 고비 쉬어가려는데 목요일이 되자 아이가 무너졌다.

 "엄마, 오늘은 한 시에 데리러 와."

 아이는 차디찬 늦겨울 아침 등원길에 앵무새처럼 이 말을 무한정 반복하며 길바닥에서 구슬 같은 맑은 눈물 방울을 뚝뚝 흘렸다.

 "엄마도 윤서가 빨리 보고 싶지만 집에서 일 마치고 가야 해서 한 시는 솔직히 무리일 것 같아. 하지만 최선을 다해 빨리 일하고 가급적 일찍 가도록 노력할게."

아이가 고집 피우며 뭔가를 요구하는데 엄마가 들어주기 힘들 때는, 아이의 마음에 귀 기울여주되 현실적으로 그 요구를 들어줄 수 없는 이유를 자상하게 설명해주어라. 아이 말은 진중하게 들어줘야 하지만 아이 뜻대로 다 해주면 안 되니 '잘' 거절하는 법을 터득해야 한다. 같은 교훈적인 이야기를 어디선가 어줍잖게 주워들었던 내가 애써 여유 있는 미소를 지어 보이며 아이를 얼렀다.

아랑곳하지 않고 아이는 막무가내로 한 시에 데리러 오라고 얼굴이 벌게져가며 계속 떼를 썼다. 그러고는 온몸의 힘을 다 주어 잡고 있던 내 손을 꽉 내리눌렀다. 마치 자신의 온몸에 내려진 고통의 무게를 이렇게라도 전달해야겠다는 듯이. 고사리 손의 절규에 나는 그제야 화들짝 정신이 들었다. 아, 이것은 센 척하지 말아달라는 나의 바람대로 아이가 솔직하게 자신의 취약한 모습을 지금 내게 보여주고 있는 게 아닌가. 그런데 나는 내가 그토록 바라던 아이가 내게 마음 놓고 어리광 부리고 투정하는 일이 막상 눈앞에 펼쳐지자 이것을 어떻게 넘길까 궁리하며 잔머리를 굴리고 있었던 것이다.

주간 단위로 마감해야 할 연재물이 많은 내가 한 시에 데리러 못 가는 건 기정사실. 그렇다면 계속 최선을 다해 노력하겠다고만 반복해서 말해야 할까, 아니면 한 시에 데리러 간다고 하면서 일단 현재의 불안을 해소할 선의의 거짓말을 해야 할까.

울먹이는 상태로 일단 유치원에 도착해서 담임인 정성숙 선생님께 상의하니, 그녀는 단호하게 판결을 내려주었다.

"오늘은 윤서가 떼를 쓰며 부탁했으니 일찍 데리러 오지 마시고, 내일 윤서가 울지 않고 부탁하면 그때는 무슨 일이 있어도 한 시에 데리러 오십시오."

연재 칼럼 담당 기자나 출판사 편집자보다 열 배는 족히 어렵고 두려운 존재인 유치원 선생님이 그렇게 말하니 돌연 눈앞이 캄캄해졌다. 어떻게든 오후 한 시에 데리러 가야 한다는 심리적이고도 실질적인 압박을 무마해보려고 선생님께 꼼수를 부려도 통할 리가 없었다. 어린이의 정직한 세계에서 어른의 음흉한 논리는 무용지물인 것이다.

다 내려놓기로 했다. 전날 밤 아이를 재우고 나서 졸린 눈 비벼가며 모든 일을 앞당겨 해치운 후, 다음 날 나는 약속대로 한 시 정각에 데리러 가서 기꺼이 오랜 시간 아이와 즐거운 마음으로 놀았다. 그랬더니 그 다음 주부턴 원래대로 네 시에 데리러 가는 것을 아이가 허락해주었다. 이것은 정말 '허락해주었다'라는 말 말고는 달리 표현할 길이 없다.

아이는 "윤서야, 엄마 오셨다~"라는 선생님의 부름에 만면에 미소를 지으며 복도를 가로질러 다다다 뛰어오지만, 막상 구두 신고 밖에 나서면 언제 그랬냐는 듯이 애인과 밀고 당기기 하는 새침한 아가씨가 된다. 그러고는 입술을 삐죽 내밀며 말한다.

"나…… 오늘도 엄마 많이 보고 싶었는데 우는 건 참았어. 참았다구."

 딱 요대로 크면 미래의 남자 친구는 꼼짝없이 그 앞에서 항복하겠다 싶어 실없이 웃음만 나왔다. 다행히 나는 애인이 아닌 엄마. 내 배 속에서 나온 딸인데도 아이의 애정 어린 투정을 삐딱하게 의심하고 있었다. 정말 내가 보고 싶은 거야, 아니면 어서 집에 가서 널브러져 텔레비전 보면서 간식 시중 들라고 하고 싶은 거야? 어쨌든 말이라도 고맙다, 아가야. 그도 그런 게……

 사실, 너한테 차마 대놓고 말은 못하지만, 나는 네가 옆에 없을 때는 네 생각 하나도 안 나거든? 아니, 나한테 아이가 있다는 것도 종종 깜빡하곤 해.

 유일하게 네 생각이 날 때가 언제인지 아니? 네가 울거나 떼쓰면서 기분 안 좋게 유치원에 간 날에만 생각나고 걱정돼. 그렇다고 너를 일찍 데리러 가는 것도 아니지만.

 그래서 네가 울거나 떼쓰거나 이렇게 튕기는 건 꼭 필요하고, 내가 감사히 감내해야 할 몫인 것 같아.

 무엇보다도 네가 꾹 참아 버릇해서 마음과 몸을 상하기 전에 말로 너의 마음을 표현하고 알려줘서 고마워. 그건 대견한 일이 아니라 '대단한' 일이라고 나는 생각해.

 물론 내가 이렇다 한들, 아이는 나중에 커서 지금의 나처럼 이렇게 투덜거릴 수도 있다.

 "아아…… 난 정말 엄마한테 어리광 한번 제대로 못 부리고 너무 독립적으로 커서 지금 이게 뭐니."
　그래도 몸소 겪어보니, 뭐 이렇게 크는 것도 결과적으로 그리 나쁘지만은 않더라. 하지만 내가, 조금 더 잘할게.

딸엄마

나는 아들 낳기를 간절히 원했던 여자다. 대를 이어야 하는 강박이 있는 것도, 아들 잘 키워 덕 볼 요량에서도 아니었다. 다만 소년에 대한 남다른 사랑 때문이었다.

흙투성이가 되도록 뛰어놀다가 현관에서 운동화를 벗어 던지고 '엄마 밥 줘'를 당연하다는 듯이 외치며 들어오는 개구쟁이 아들, 이게 내 로망이었다. 제아무리 힘든 일이 닥쳐도 눈물을 참고 이를 악물고 묵묵히 한 발짝씩 앞으로 걸어나가는 소년. 여자인 내 몸 안에 남자의 성기를 품는다는 간지러운 사실도 불가사의하게 기분이 좋을 것 같았다. 십 개월간의 자웅동체 생활이라니, 자급자족으로 몸과 마음이 충족될 것 같았다.

몇 년 먼저 딸을 낳은 친구에게 조심스레 물어보았다.

"딸 너무 예뻐하는 남편 보면 질투 나거나 그러지 않아?"

친구는 내가 농담한다고 생각했는지 까르르 웃음을 터트렸다.
"아니, 전혀. 딸 예뻐하면 나를 그만큼 사랑해주는 느낌이 들어."
그렇다 하더라도 안심되지 않았다. 게다가 새침하거나 잘 삐치거나 예민하거나 공주병이거나 꽁한 성격의 딸이라면…… 아 나는 그런 딸을 어떻게 영접해야 할지를 모르겠으니까. 그러니까 내 사전에 딸이란 없는 거다. 그런 거다.
사람은 자기가 보고 싶은 것만 본다고. 나와 남편은 임신 중기 무렵까지도 배 속의 아이가 당연히 아들이라는 근거 없는 믿음이 있었다. 초음파 검사 때마다 다리 사이에 뾰족한 무언가가 안 보여도 개의치 않았다. 세상에는 작은 고추라는 것도 존재하니까.
그런데 임신 중기, 어느 정기 초음파 검진 날이었다. 주치의가 세미나 출장을 가서 젊은 산부인과 의사가 대신 들어왔고 그녀는 우리가 묻지도 않았는데 "성별 궁금하세요?"라고 대뜸 물었다. 그 순간까지만 해도 우리는 그저 '뭘 새삼스레 물으나 마나 한 걸' 같은 마음이었다. 그 심드렁한 찰나를 놓치지 않고 의사는 아무 감동 없는 어투로 툭 던졌다.
"딸이에요."
순간 머릿속이 하얗게 물들었다. 남편과 나는 서로 얼굴도 쳐다보지 못하고 진료가 끝나자 쫓기듯 나왔고, 부근의 라멘십에 마주 앉아 한참 아무 말도 할 수가 없었다.
"……괜찮아?"

"응. 너는? 실망하지 않았어?"
"아니, 괜찮아."
두 사람은 전혀 괜찮지 않았다. 이것은 예정에 없던 일이었다. 그로부터 며칠은 기억에서 아예 지워진 상태다. 지금의 나는 당시 붙여주었던 남자아이 태명이 무엇이었는지 정말로 전혀 기억나질 않는다.

바야흐로 그날 이후 나는 딸엄마로 거듭 태어났다. 그러니까 난 사실 원래부터 딸엄마의 운명이었던 거다. 그런 거다. 못지않게 남편은 텔레비전을 보며 '소녀 품평회' 재미에 푹 빠졌다.

"음, 쟤는 아냐."
"오오, 저런 타입 좀 괜찮지."

주로 김연아, 김주하, 문근영, 이하나, 케이트 허드슨을 보며 혼잣말로 구시렁대며 흡족한 듯 고개를 끄덕였던 것 같고, 요란하게 섹시 댄스를 추는 연예인이나 연예 정보 프로그램에서 플래카드 들고 군대 가는 남자 연예인을 배웅하는 소녀 팬들을 지켜보며 도리도리 고개를 저으며 한숨을 내쉬었던 것 같다. 한때는 남편이 너무 감정이입을 심하게 하는 것 같기에, 왠지 안쓰러워 보여 아내로서 일러주었다.

"저기 말야, 결국 이 아이는 임경선, 그 이상도 아니고 그 이하도 아닐 거야."

"임경선 정도면 뭐 괜찮지······."

시선은 여전히 텔레비전을 향한 채 예의상 응수하긴 했으나 내가 예비 아빠의 로망에 찬물을 확 끼얹은 것만은 분명해 보였다.

그리고 우리 사이엔 딸아이가 태어났다. 어느새 아침에 눈을 뜨면 달짝지근한 단내를 풍기는 여자아이가 내 얼굴 정면에 자신의 존재를 갖다 대고 있다.

'어쩌면 여자아이들은 이토록 예쁠 수가 있는 거지?'

딸바보가 따로 없다.

게다가 내가 임신 전에 그토록 두려워하던 새침하고 잘 삐치고 예민하고 공주병이고 꽁한 그 성격이 바로 하필이면 내 딸의 성격이었는데, 그것은 어느덧 시크하고 자기 주관 뚜렷하고 세심하고 자존감이 충만하고 심지가 굳은, 꽤 매력 있는 품성으로 탈바꿈되어 내게 다가왔다. 아니면 내가 아이를 낳은 후 인간 스케일이 커진 걸까? 설마.

딸아이는 내게 무슨 말을 건넬 때마다 일부러 보란 듯이 귓속말로 속삭인다. 수시로 눈웃음을 치고 천진한 미소로 사람을 홀리다가도 조금 수틀리면 눈에 보석 같은 눈물 방울이 맺히면서 보는 사람을 속수무책으로 무장해제시킨다. 그럴 때마다 나는 벅찬 떨림으로 넋을 놓고 쳐다보며 '아아, 사랑하는 여자를 바라볼 때 남자의 기분이 이런 거겠구나' 알 수 있을 것만 같았다.

그래도 가끔 아들에 대한 미련이 생길 때도 있었다. 내가 아들을 낳았더라면 남자를 조금 더 깊이 이해할 수 있지 않을까. 아니다.

남자에 대해서만큼은 차라리 이해도 잘 못하고, 잘 모르는 채로 살아가고 싶다.

내 곁에 머물러줄 아이

윤서는 엄밀히 말하면 나의 셋째 아이다. 정자와 난자의 결합을 어느 수준에서부터 아이라고 봐야 할지는 저마다 생각이 다르겠지만, 나는 처음부터 아이라고 생각한다.

나는 난임이었다. 서른 살에 결혼을 했는데 결혼 첫해에 갑상선 암이 재발해 수술을 했다. 재발한 암세포를 떼어내는 외과적 수술 후엔 방사능 동위원소 치료를 받아야 해서 수술 후 일 년간은 임신이 불가능했다. 그리고 몇 년이 지난 서른네 살에 다시 그 부위에 암세포가 생겨 또 한 번 수술을 받아야만 했다. 그렇게 투병과 회복의 시기를 거치다 보니 어영부영 세간에서 말하는 노산의 나이가 되어버렸다.

그래도 첫 인공수정에 덜컥 아이가 생겼다. 최소 삼세번쯤 시도하는 것이 당연하다고 생각했기에 전혀 기대하지도 않았던 일이었다. 간호사가 전화로 피검사 결과를 알려주는데 "축하합니다"라는 다정한 목소리가 들렸다. 결혼 오 년 만에 그렇게 멀고 어렵게만 보였던 임신은 갑자기 찾아왔다. 한 달에 한 번 난소에서 내려오는 난자에 단번에 달려드는 오 억여 개의 정자들. 난자가 세포분열을 반복한 수정란이 자궁에 마침내 착상했다니, 와우! 아이가 생긴 것을 알았을 때의 기분, 정말 대단했다. 마치 온몸이 마법의 양탄자를 타고 횡횡 날아다니는 것만 같았다.

남편에게 이 기쁜 소식을 어떻게 알릴까 하다가 그의 회사 앞으로 찾아가서 저녁을 사달라고 했다. 우리는 단골인 피맛골의 허름한 생선구이 백반집에서 마주 앉아 여느 때처럼 과묵하게 밥을 먹었고 나는 식사가 끝나갈 무렵 임신 사실을 고백했다. 그의 동공이 커지며 흥분 상태가 되었다. 밥을 먹고 우리는 손을 꼭 잡고 종로 1번지의 큰 횡단보도를 건넜다. 남편의 두툼한 손은 쌩쌩 오가는 차들로부터 나를 보호하려는 듯 내 허리를 굳세게 감고 있었다.

몇 주 후, 그 수정란이 두 개임이 밝혀졌다. 쌍둥이였다. 쌍둥이라는 사실에 남편은 동공이 한층 더 커졌다. 놀란 이유가 나와는 조금 다른 듯했지만. 그리고 또다시 몇 주 후. 이번에는 몇 번의 하혈과 응급실행이 이어졌다. 남편은 밤에 곤히 자다가 피투성이가 된 채로 깨서 공황상태에 빠져 울먹이는 아내를 데리고 새벽마다 병원 응급실에 가야만 했다.

쌍둥이 중 한 아이가 먼저 흔적도 없이 사라졌다고 했다. 초음파

기구로 이리저리 자궁 안을 들여다보았지만 희미한 깜빡거림이 포착되는 존재는 하나뿐이었다. 의사 선생님은 남은 한 아이도 자신하지 못했다. 그렇게 오락가락, 하지만 확실히 잃는 방향으로 굳어가고 있음을 감지했을 때 나는 배 속에 남은 아이에게 소리 없이 외쳤다.

"떠나가지 마. 난 너랑 같이 살고 싶단 말이야."

그로부터 나흘간을 산부인과 병실에서 꼼짝도 하지 않고 누워 지냈다. 같은 호실에는 산모들을 축하하러 끊임없이 손님들이 오갔지만 남편이 퇴근 후 들르기 전까지 나는 혼자였다. 아니, 아직은 혼자가 아니라고 믿고 싶었다. 그러나 그 바람을 저버리고 남은 한 아이도 며칠 후 기어코 보이지 않았고 내 배 속은 다시 정적에 휩싸인 어두운 동굴이 되었다.

사랑하는 사람과 이별할 때 단칼에 하루아침에 정리하는 게 아닌 것처럼, 아이와의 이별도 올 듯 말 듯 반복하면서 조금씩 확실해진다는 것을 이때 처음 알았다. 그나저나 산부인과라는 곳은 어쩜 이토록 즐거운 장소였다가 슬픈 장소로 변할 수 있는 걸까?

몸과 마음을 추스르는데 담담하게 누군가 내게 말해주었다. 쌍둥이는 태아 상태에서도 한 아이가 먼저 가버리면 남겨진 아이는 덩달아 맥을 못 추린다고. 이 말을 듣는데 나는 불가사의하게 차분히 위로받는 느낌이 들었다. 어떤 의미에선 매료되듯 납득되었다.

'그래, 어쩔 수 없지. 같이 가야지. 어떻게 미안하게 한 아이만 남

아 있어.'

　한 아이라도 어떻게든 버티고 있어줘, 라는 심정이었지만 막상 떠나간 아이에게 너무나 미안했다. 두 아이는 한 쌍으로 함께 있어야 할 운명일 텐데 누가 무슨 권리로 그 아이들을 떼어놓을 수 있을까. 결국 두 배로 슬프긴 했지만 그 슬픔은 정당화될 수 있었다.
　그리고 반년 후 나는 두 번째 인공수정으로 윤서를 가지게 된다. 이번에는 내 곁에 머물러줄 아이로.

짐승의 본능

모유 먹이는 나를 두고 동갑내기 올케가 "그건 짐승 같은 짓이야, 짐승"이라며 놀렸는데, 그녀의 말은 백번 맞다.

나는 짐승이었다.

하긴 여자의 임신과 출산, 신생아 육아 시기는 짐승의 세월이라고 해도 과언이 아니다. 그리고 짐승이라고 개념 짓는 이유는 오로지 본능과 직감에 의존해 버텨내기 때문.

인공수정 시술을 받고 바로 그 다음 날 무슨 생각으로 KBS〈1 대 100〉이라는 퀴즈 프로에 출연했는지, 지금 생각하면 참 알다가도 모를 일이다. 아니다, 모르긴 뭘 몰라. 나는 신성한 임신을 준비하면서도 "잘만 하면 상금이 1000만 원"이라는 말에 혹했고, 하필 그 전날 사주를 보다가 횡재설이 있다는 말에 돈에 눈이 멀어 KBS 공개홀로 향했던 것이다. 설마 이렇게 임신이 다시 쉽게 될 리가 없다는 체념도 있었고.

첫 방송이라 이래저래 엔지가 나면서 세 시간째 녹화가 이어졌고 본래 체력이 약한 나는 서서히 현기증이 나기 시작했다. 출연자 백 명의 부스마다 당연히 출연자용 의자가 있으리라 생각했는데 의자가 준비되어 있지 않아 세 시간 내내 서 있어야 했다. 처음엔 다리를 비비 꼬면서 나름 퀴즈에 집중하려고 하다가 녹화가 반 정도 진행됐을 무렵, 짜증을 동반한 급격한 체력 저하와 함께 뒤통수에서 '이건 아니잖아'라는 마른하늘의 날벼락이 우르르 쾅쾅, 정신을 번쩍 들게 했다.

나는 홀린 듯이 저 멀리 돌아가는 수 대의 카메라 뒤에 앉아 있던 담당 방송작가를 손짓으로 불러내서 "저 임신한 것 같으니 갈게요"라는 황당한 말을 남기고는 녹화 중에 부랴부랴 짐을 싸서 스튜디오를 횡하니 나와버리고 말았다. 빨리 녹화 끝낸답시고 세 시간 동안 그 안에 있던 누구도 화장실에 못 가던 상황에서 말이다. 다른 아흔아홉 명은 유유히 사라지는 나를 보고 무슨 일이 벌어졌나 고개를 갸우뚱하고, 방송 제작진들은 갑자기 화면에서 한 자리 이가 빠져버리는 바람에 기겁했지만 나는 본능이 이끄는 대로 나와버릴 수밖에 없었다. 그것이 내가 남에게 끼친 생애 최대의 민폐이길 바랄 뿐이었다. 그러고는 가장 먼저 발견한 모범택시를 타고 귀가해 열두 시간을 내리 잤다.

일주일 후 알아보니 역시나 그것은 엄연한 임신이었다. 몸의 기운을 빠짝빠짝 말리던 그곳에서 한 시간만 더 버티고 서 있었더라면…… 상상하니 아찔했다. 그때 그 순간의 '정신 차려' 쌍라이트는 분명 짐승의 본능이었다.

임신 기간에도 나는 그 어느 때보다 짐승적이었다. 여자는 일생에 세 번, 자기 의지와 전혀 무관하게 감정적으로 격해지며 통제가 안 되는 시기가 사춘기, 임신기, 갱년기라고 하던데, 나 역시도 임신기 때 감정적으로 격해졌던 일, 분명히 있었다.

하루는 남편이 출장 가고 혼자 밥해 먹기 귀찮아 중국집에서 닭고기볶음밥을 시켰다. 볶음밥 접시 비닐을 갈기갈기 뜯어 허겁지겁 배를 채우다가 나는 한 가지 중요한 사실을 발견했다. 예전에는 크기도 큼지막하고 양도 푸짐했던 닭고기 조각들이 어찌 된 일인지 크기가 줄어 씹히지도 않고 양도 팍팍 줄어서 거의 계란과 파 범벅으로밖에는 안 보이는 것이었다. 나름 신뢰하는 이웃이자 생활의 파트너라 생각했던 중국집이 이따위로 내 인생을 방해하는 거냐 생각하니 갑자기 울컥, 밥 먹다 말고 너무 억울하고 분해서 나는 발을 동동 구르며 통곡을 했다.

또 어떤 날은 한식집에서 김치찌개 한 그릇을 시켜놓고 기다리는데 아무리 기다려도 음식이 안 오는 것이었다. 고픈 배를 부여잡고 부글부글 속으로 끓고 있는데 마침내 초인종이 울리고 아저씨의 호쾌하고 죄 없는 "배달이요~!" 소리가 들렸다. 나는 문을 열자마자 눈물을 글썽거리며 외쳤다.

"아저씨⋯⋯ 왜 이렇게 늦으셨어요! 저 너무 배고파서 지금 미칠 것 같단 말이에요."

배달 늦게 가면 성질 내는 사람만 봤지, 울먹이는 여자는 처음 겪은 아저씨는 마치 실망시킨 여자 친구에게 싹싹 비는 청년처럼 내게 진심으로 미안해하며 다시는 늦지 않겠다고 사랑의 맹세를 했다. 이보다 더한 에피소드도 몇 개 있는데 차마 창피해서 말 못하겠다.

인간관계에 대해서도 짐승적이었다. 본능적으로 거슬리는 사람은 적극적으로 피해 다녔다. 의지가 아니라 어느새 자연스럽게 내가 피하고 있었다. 이성적으로 생각하면 도움이 되는 사람이라 하더라도 그냥 후각으로 아니다 싶으면 내쳤다. 친했던 사람이라도 거슬리는 행동이나 말을 할라치면 독을 품고 할퀴며 접근을 금지했다.

아이가 태어난 후에도 한동안 나는 짐승의 계절을 보냈다. 한번은 아이가 낮잠 자는 틈을 타 놓친 끼니를 급하게 먹고 있는데, 아이가 갑자기 잠에서 깨어나서 막 울기 시작했다. 나는 그만 놀라서 사레가 들려버렸다. 너무 심하게 사레들려 의자에서 바닥으로 털썩 주저앉아 목을 부여잡고 컥컥댔다. 숨이 넘어가서 당장이라도 질식사할 것만 같았다. 도와줄 사람은 아무도 없고 평소와는 다른 나의 이상한 모습에 아이는 불길한 기운을 본능적으로 느꼈는지 더 크게 목청껏 울어댔다. 나는 더더욱 당황해서 정신이 혼미해지려 했고 그 와중에 남은 미량의 모성애적 정신줄로 '내가 여기서 죽어버리면 저 젖먹이는 어쩌냐' 싶었다. 그 순간 다시 한 번 예의 쌍라이트인지 빔라이트인지가 뒤통수 너머로 우르르 쾅쾅 켜지더니만 나는 초인적인 힘으로 뱉어내서 마침내 사레들린 것을 풀어낼 수 있었다.

다시는 기억하고 싶지 않은 인생 최대의 위기였다. 부엌 바닥은 생전 처음 보는 그로테스크한 침과 배설물로 가득했다. 하지만 그땐 살아낸 것만이 무엇보다도 중요했다. 그리고 약속이라도 한 듯 놀랍게도 그 순간, 윤서가 울음을 뚝 그쳤다.

짐승 같았던 순간들이 몇 가지 더 있지만 이 역시도 너무 노골적이라 생략하기로 하고. 적어도 당시 모성애라는 것은 내게 핑크빛 부드러움이라기보다 선홍색 핏빛, 날것에 가까웠다. 그건 평소에 내 새끼가 어디서 뛰어놀든 말든 관심도 없고 심지어 내 새끼가 먹던 먹이마저 심통 부리며 빼앗아 먹을 수 있지만, 막상 위태로운 순간이 오면 으르렁대며 이빨을 보이는 어미 사자의 심정 같은 것이었다. 나는 예쁘고 고요한 윤서를 보며 사랑스러울 때보다 고통스럽게 일그러진 얼굴로 우는 윤서를 보며 가슴이 찢어지듯 아플 때 비로소 '아, 내 새끼구나'라고 느꼈다.

아이를 낳아서 품에 안고 있는데도 그것만으로는 충분히 가깝지 않다는 느낌에 왠지 더 외로워져서 배 속에 넣어 다니던 그 '한 몸'의 감촉을 그리워했다. 꼭 껴안으며 노래를 불러주다가도 이유 없이 쓸쓸해지면 감정이 북받쳐 올라 눈물이 절로 뺨을 타고 줄줄 흐르기도 했다. 그럴 때는 그 작고 부드러운 몸뚱어리를 한 치의 용서도 없이 격하게 부둥켜안고 만지고 비벼대야만 직성이 조금이나마 풀렸다. 그것도 모자라서 당시의 나는 "윤서야 가끔 너를 다시 한 번 낳고 싶다고 생각해" 같은, 지금으로서는 어이가 없어도 한참 없는 혼잣말을 사무치게 아이를 향해 지껄여댔다고 남편은 증언한다.

옛날 옛적에, 내가 날것 그대로의 짐승으로 살았던 그 계절에.

딜레마

대망의 임신 십육 주, 즉 오 개월 차 진입으로 확실한 안정기를 선고받았을 때 나는 만세를 외쳤다. 얼마나 가슴 졸이고 애태우며 기다린 날이었던가. 그동안은 절대안정을 취한다며 밥 먹고 온종일 누워만 지냈다. 초음파로 잡히는 에일리언처럼 생긴 태아도 그저 대견해 보였다.

초음파 검사가 끝나면 으레 담당의를 보고 가는데 담당의는 내가 삼십오 세 이상의 고령 출산이라며 양수 검사를 하라고 했다. 양수 검사는 다운증후군 혹은 신경결손 여부를 체크하는 것이다. 의사 선생님이 그러라는데 당연히 그래야지 뭔들 못하겠어, 라며 방을 나왔다. 그런데 간호사가 나를 별도의 상담실로 데려가 앉히더니 심각한 표정으로 이런저런 설명을 하기 시작했다. 분위기 왜 이러지? 이거 혹시 비싸고 불필요한 검사인가? 처음 드는 궁금증은 그저 검사 아플까, 아 싫다, 대체 다운증후군일 확률이 얼마나 되지, 고작해야 그런 정도였다. 조금 더 깊이 들어가니 양수 검사 부작용(감염, 양수 파열 등)의 확률과 다운증후군일 확률이 거의 비슷하다는 것(이백 명 중 한 명), 정상으로 잡혀도 기형아가 태어날 수 있고 다운증후군으로 잡혀도 정상아가 나올 수 있다는 것, 그리고 주삿바늘로 양수를 뽑아낼 때 태아가 엄청 스트레스 받을 수 있다는 이야기가 나왔다. 나는 그저 착한 학생처럼 고개를 수시로 끄덕일 뿐이었다. 그리고 시키는 대로 어쨌든 양수 검사 날짜를 잡았다. 비용은 아, 역시나, 칠십오만 원.

그러고선 그날 저녁부터 이틀간 사정없이 끙끙 앓아누웠다. 밤에 잠도 설치고, 식욕도 떨어졌다. 병원에선 막연히 흘려들었던 양수 검사에 대한 사실들이 계속 머리에 맴돌았다. 주변의 노산부 친구들에게 물어봤더니 다 안 했단다. 처음엔 다소 놀랐고 심지어는 한 친구가 "기형아라도 낳을 생각이었으니까"라고 말하는데 무모하다는 생각이 스치기도 했다.

혼란스러웠지만 남편과 상의 끝에 일단은 받으라는데 받아야지 싶었다. 그런데 결정을 해놓고도 계속, 아니 더욱 혼란스러웠다. 왜 내가 이렇게 고통스러울까 생각해보니, 양수 검사를 받겠다는 결정은 그 자체로 다운증후군일 확률이 칠십 퍼센트가 넘을 경우 인공 유산을 하겠다는 결정과 다를 바 없음을 그제야 깨달았기 때문이다. 이제야 간호사가 왜 말을 그토록 빙빙 꼬아서 어렵게 했는지 이해할 수 있을 것 같았다. 그 불가사의한 상담실 분위기나 왜 가장 고참인 간호사가 굳이 들어와서 양수 검사에 대해 설명해주었는지도 알 수 있었다. 판정을 받고 배 속에서 그걸 예방하거나 고칠 수 있다면 그토록 고민할 건 없었다. 그런데 다운증후군 판정을 받으면 내가 할 수 있는 것은 오로지 낳느냐 안 낳느냐를 결정하는 것뿐이었고, 검사를 굳이 받겠다는 것은 만약 어떤 부정적인 가능성이 예측된다면 아이를 사전에 포기하겠다고 선언하는 것을 의미했다.

담당 의사는 아이가 장애를 갖고 태어나면 부모에게나 아이에게나 평생 짐이자 굴레라고 말하는데 그 말도 맞고 또 의사 입장에선 그렇게 말해야 된다고 생각한다. 나도 머리로는 충분히 납득했다. 그런데 막상 뒤돌아서 보니 그게 몸으로는 도저히 납득이 안 갔다. 그러니까 내가, 내 몸이, 본능적으로 거부하는 것이었다.

아이가 장애를 갖고 있다면 그 아이는 사전에 죽여도 마땅한가, 그것이 구원인가. 부모가 그럴 권리가 있는가 같은 오만 가지 윤리적 문제가 머릿속을 가득 메웠다. 그런데 단 한 가지 확실한 것은 만에 하나, 아이에게 문제가 있을 가능성이 있다고 해도 나는 유산 결정을 도저히 내리지 못할 것 같았다. 물론 내가 지나치게 비현실적이고 감상적인 것은 아닐까도 생각했다. 주변에 조언을 구해봐도 함부로 말할 수 없는 문제라 "나라면 이렇게 하겠지만 그래도 확실히 하고 싶다면……" 정도에서 그칠 뿐, 그것은 오로지 부부가 결정해야 하는 문제였다.

결론적으로 남편과 나는 양수 검사를 안 받기로 했다. 아무리 양수 검사를 하고 나면 어느 정도는 안심할 수 있다고 해도 검사하고 결과가 나오기까지 한 달을 지난 이틀처럼 제정신이 아닌 불안한 상태로 지낼 자신이 없었다. 또한 아무리 노력해도 도저히 이성적으로 생각할 수가 없었다. 어쨌든 그냥 아니다 싶은 확신이 들었다. 그렇다고 내가 도덕적으로 우위에 있다거나 그런 것도 아니고 그냥 본능적으로, 직감적으로 그랬다. 그 마음을 어떻게 말로 설명하고, 그것을 왜 내가 누구에게 해명하고 설득해야 할까. 이 아이는 나의 아이이지 않은가.

처음엔 남편도 "야, 현실적으로 어떻게 장애아를 키우냐……"라며 어두운 안색이다가 내가 너무 고통스러워하니 도중에 마음가짐이 달라졌다. 그는 나의 어깨를 꼭 붙들어 안고 말했다.

"하늘에 맡기자. 운명이 그러하다면 받아들이고 개척해야지. 우리 새낀데 우리가 키우면 되는 거지."

그가 만일 그때 남 일 얘기하듯 "걱정하지 마. 다 잘될 거야"라든가 "아무리 힘들어도 합리적으로 생각하는 게 어때?"라고 말했더라면 나는 남편을 다시는 똑바로 쳐다보지 못했을 것 같다.

그날 밤 오랜만에 푹 잤다.

슬픈 젖가슴

돌아보면 참 무지했다. 젖몸살이니 뭐니 소문은 무성했지만, 정작 임신부들이 가장 궁금하고 신경 쓰이는 것은 출산의 고통이었으니까.

"대체 얼마나 아픈 거야?"

이미 경험한 선배들은 가장 온화한 표정으로 가장 무시무시한 상황을 설명할 뿐이니 물어본들 더욱더 납득할 수가 없었다. 그야말로 '내가 해봐서 아는데'의 세계다.

출산의 고통에 심적으로 대비하는 것에 전전긍긍한 나머지 출산에 이어 바로 닥쳐올 모유 수유에는 미처 관심을 두지 못했다. 그저 가슴 마사지를 미리미리 해줘야 젖이 잘 돈다, 모유를 먹이는 것이 정서상, 영양상 좋다 같은 것만 지식으로 알고 있었다. 허나 출산이야 상대적으로 잠깐이고 그 다음에 한동안 안고 가야 할 문제는 모유, 즉 '젖'의 문제였다.

하긴 징조는 출산 전부터 있긴 했다. 결코 불평하는 것은 아니지만, 나의 경우 임신해서 가장 신체적으로 불편했던 것은 입덧도, 현기증도, 피로감도 아닌 바로 늘어난 가슴 크기였다. 사람들의 눈길이 가슴으로 가서 불쾌했지만 거울 속의 나를 내가 봐도 조금 부담스러우니 수긍은 갔다. 당시 오렌지 크기의 가슴은 출산 후 바로 참외가 되고, 젖꼭지 구멍이 막혀서 모유가 안 빠져 퉁퉁 붇자 이내 멜론으로 둔갑했다.

"오빠…… 나 파멜라 앤더슨 된 것 같아."

웃기지만 슬픈 상태에서 너스레를 떨 수밖에 없었는데 진짜 파멜라 앤더슨을 기대했던 남편은 실제 모습을 목격하고 기인열전 보듯 경악했다. 하지만 그런 엽기 코미디도 잠시, 상황은 급작스레 호러물로 바뀌었다.

젖몸살 후 처음 겪은 가슴 마사지, 즉 꽉 차서 터질 듯한 젖가슴을 푸는 작업은 내가 살면서 경험해본 최악의 고통이었다고 감히 말할 수 있다. 마사지실은 고문실이나 다름없었고 그 안에서는 '돼지 먹따기'라는 험한 표현도 오갈 만큼 손끝만 닿아도 악다구니 쓰는 비명을 질러댔다. 그제야 왜 마사지실이 조리원 복도 맨 끝에 있는지 알 것 같았다. 눈물 콧물 질질 흘리며 비명을 지르면서도 왜 그리도 웃음이 나던지.

그 고통의 사십팔 시간을 무사히 넘기고 어느덧 나는 조리원에서 모유량 1등 산모로 등극했다. 정해진 시간에 우리는 여분의 젖을 짜서 신생아들이 모여 있는 간호사실에 갖다 주었는데, 알게 모르게 각 방에서는 모유량으로 경쟁했고 몇몇 엄마들은 모유가 조금밖에 안 나온다고 죄책감을 느끼거나 울상이었다. 그러나 나는 맥을 한번 제대로 짚어내니 콸콸 쏟아지는 온천수처럼 모유가 그야말로 '터진' 경우라 아무리 짜도 짜도 또 나왔다. 그러다 보니 너무 많은 모유를 산후조리원 냉장고에 저장해두게 되어 다른 산모들이 불평할 지경이었다.

간호사가 그러면 모유가 덜 나오는 다른 산모들에게 나눠주자고 했고 나는 공짜인데 뭐 어떠냐며 흔쾌히 좋다고 했다. 다만 내가 시간마다 알아서 젖을 짜낼 만큼 짜서 줄 테니 밤중에 신생아실로 호출이나 하지 말아달라고 거드름을 피웠다.

당시 심각하게 내 닉네임을 '캣우먼'에서 '카우우먼'으로 바꾸는 것을 고민하기도 했다.

    그래, 나는 불쌍한 감금 젖소
    젖을 뽑아내는 것이 유일한 삶의 목적
    후후 하하 후후 하하
    오늘도 맛있고 영양 가득한 반찬이 조리원 테이블에 한가득
    싹 다 먹어주고 오늘도 세 시간마다 젖을 짜내리
    후후 하하 후후 하하

나는야 씩씩한 감금 젖소
내 임무는 맛 좋은 젖을 많이 뽑아내는 거라네
많이 뽑아 친구들에게 나눠주면 칭찬도 받을 수 있다네
오늘도 눈을 비비며 젖을 짠다네
짜도 짜도 또 나오는
내 이름은 카우우먼

세월이 흘러 지금의 축 처진, 자기 임무를 다한 젖가슴을 만지작 거리다 보면 언제 그토록 많은 일들이 있었나 싶다. 특히 나는 젖가슴이 모유로 가득 차서 젖이 불기 직전의 느낌을 참 잊을 수가 없다. 그 느낌으로 말할 것 같으면 '아 뭔가 깝깝해서 뽑아내고 싶다' 같은 건데, 그럴 때마다 남자들이 정기적으로 (정자를) 빼내고 싶어하는 느낌이 뭔가 자연스럽게 와 닿아서 기분이 묘해지곤 했다. 꽉 찼을 때 느껴지는 답답함과 안절부절못함. 그래서 아기 입으로든 유축기로든 쫘악 분출하고 나면 그건 또 왜 그리도 시원한지. 친애하는 남자들이 기회 닿을 때, 부지런히 신나게 사랑하는 그녀들과 사랑을 나누면 참 좋겠다는 생각이 들었다.

젖가슴 얘기하니 또 하나 잊히지 않는 장면이 있다. 산후조리원에서 출소한 후 집에 있을 때, 나는 매일 새벽 세 시가 되면 좀비처럼 혼자 깨어나 그 얼어붙은 겨울밤에 거실로 나와 히터 틀어놓고 밤새 불은 젖을 유축기로 짜내야만 했다. 그런데 심심해서 텔레비전을 틀면 케이블 채널에서 딱 그 시간대에 〈에로틱 컨페션〉이라는 서양 B급 에로 단막극을 상영했다. 아우 씨, 화면 속에서 가슴에 털 난 서양 남자의 큼지막한 손이 상대 여자의 젖가슴을 "오우 예, 오우 예, 아항 으흥, 아항 으흥" 하면서 주물럭주물럭 대는 것이 아닌가! 누구는 남자가 저리 뜨겁게 주물러주는데 난 나팔꽃처럼 생긴 '븅신' 같은 기계가 쇳소리 내가며 젖가슴을 비틀어 짜고 있고!

그럼에도 한낱 미천한 내 젖가슴이 이토록 주인공처럼 주목받던 시절이 있었을까 싶다. 멜론처럼 부풀어 오른 젖가슴을 남편 앞에서 꺼내 보이며 노골적으로 성희롱해보기도 하고, 또 그렇게 인정사정 없이 쥐어 짜이기도, 부드럽게 물리거나 보듬어지기도 하면서 언제 그렇게 매일매일 컨디션을 체크할 수 있었을까 싶다. 내 젖가슴이 오만 사람들이 다 참견해대는 동네북 시절이 있었던 반면, 지금은 뭐 관심 가져주는 사람 하나 없다. 아니, 딱 한 명, 새로 생겼다. 바로 그 모든 젖가슴 푸닥거리의 유일한 이유, 윤서다.

윤서는 잊을 만하면 나에게 폭 안겨서는, 내 가슴을 조심스레 어루만지며 눈을 위로 치켜뜨고 "내 젖은 언제 커?" 하고 심각하게 물어본다. 내심 관심 가져주는 게 눈물겹게 고마웠지만 엄마의 위엄으로 나는 열 살쯤 되면 커질 거라 말해주었고, 하지만 너무 커져도 그리 좋을 건 없다고 똑 부러지게 일러주었다.

달덩이

　이십 대 중반부터 근 십 년간 키운 개, 달덩이. 열 살 생일이 얼마 지나지 않았을 무렵 간헐적으로 탈진 증세를 보이면서 몇 번 동물병원 신세를 지더니, 기어이 어느 날 입에 거품을 물고 이상한 발작 증세를 보였다. 눈빛은 초점을 잃고 축 처진 몸은 솜처럼 가벼웠다. 차라리 무거웠다면 그렇게 가슴이 철렁 내려앉지는 않았을 텐데 마치 영혼이 반쯤은 이미 빠져나간 것 같아 나는 곧 이 아이를 하늘에 빼앗길 것만 같았다. 임신 칠 개월의 몸으로 그 아이를 안고 정신 줄 놓은 채 동물병원으로 향했다. 임신 중이라 뛰어도 뛰어도 그것은 빨리 걷기밖에 안 되었다. 눈에서는 절로 눈물이 주룩주룩 흘렀다. 남편은 꼭 이런 일이 있을 때 지방 출장 중이었다.
　동물병원에선 가망이 없다고 했다.
　남편이 며칠 후 출장에서 돌아와서 나를 변태 취급한 것은 만삭 임신부가 동물병원에서 반려견의 마지막 가는 모습을 찍고 저장해 놨기 때문이다. 수의사가 혹시 의료사고용으로 어떻게 하려나 싶어 우려 가득한 눈길을 보냈지만 나로서는 죽음을 납득하기 위한 것이었다.

예전에 가끔 그 아이가 온갖 나이 든 티 다 내고 골골거리면 마음 아파하기에 앞서 귀찮다는 생각이 들어 저 녀석 죽을 때 되면 고양이처럼 어디 멀리 도망가줬으면 좋겠다는 못된 생각을 품은 적도 있었다. 그런데 막상 그런 일이 닥치니까 내가 끝을 봐줘야만 이 아이가 생을 마감할 수 있다는 느낌이 들었다. 안락사시킬 때 수의사가 보호자는 밖에서 기다려도 된다고 해도 굳이 곁에서 주사 맞는 것을 지켜보고 마지막에는 서서히 내 품에서 숨을 거두기를 원했던 것도 같은 맥락이었다. 시름시름 고통스러운 듯 짧은 신음을 내뱉던 거친 호흡은 점점 고요해져 갔다. 몸의 온기가 가실 때까지 한참을 품에 안고 있었다.

모든 동물은 주인을 닮는다지만 그 아이도 상당히 무심하고 과묵한 개였다. 세상에는 '개냥이'가 있는 한편, 고양이 같은 개도 있는 법이다. 달덩이는 들러붙기보다는 자기 공간을 중시하는 아이였다. 저녁에 데리고 자도 항상 내가 잠든 후에 '어휴, 이제야 잠들었군'라는듯이, 내가 깨지 않도록 조심스럽게 깝깝한 품에서 빠져나와 자신의 개집으로 돌아가서 자야 직성이 풀리는 그런 아이였다. 그래도 내가 얼굴을 부비면서 사랑한다, 예쁘다 등의 좋은 얘기를 귓가에 속삭이면 그 새까맣고 동그란 눈은 순식간에 별 모양으로 둔갑했고, 내가 남자한테 차이거나 회사에서 안 좋은 일이 있어 울적할 땐 주인 상태를 감지하고 먼저 내 품에 들어와 조용히 체온을 나눠주는, 모름지기 개가 갖춰야 할 기본 깜냥은 해냈던 영리한 아이였다. 어떤 형식으로든 사랑하는 이의 곁에 있으려고 하는 것, 사랑하는 이와 닮으려고 하는 것, 그것이 우리가 사랑하는 사람에게 구하는 모든 것임을 나는 그 아이를 통해 알게 되었다.

미혼 시절 키우던 개라 결혼 전 몇 명의 남자 친구를 직접 면접할 수밖에 없었는데, 자기도 수컷이랍시고 대체로 으르렁거리거나 남자 친구가 먼저 애견인인 척, 친한 척 해도 개무시하고 넘겼다. 하지만 유독 지금의 남편에게만은 먼저 다가가서 폭 안겼던 예지 능력이 뛰어난 아이였다. 따지고 보면 남편은 그 아이가 골라준 셈이다. 정말로.

달덩이를 저세상으로 보낸 후 일주일 정도를 울면서 보냈던 것 같다. 그때만은 배 속의 꿈틀대는 아이도 의식하지 못하고 보낸 시간들이었다. 지금에서야 말하지만 만약 그 일이 착상이 제대로 안 된 임신 초기 때 벌어졌다면 상당히 위험했을 것이다. 반려견을 키워본 친구들은 달덩이가 너무 영리해서 엄마가 이제 곧 태어날 아기한테만 집중하라고, 자리를 비켜준 것이라고도 했다.

더 슬퍼질까 봐 그 아이와 관련된 모든 물건을 황급히 내다 버렸지만 빈 공간을 보니 허전하긴 매한가지였다. 화장을 하고 남은 뼛

가루는 우리가 자주 산책하던 아파트 산책로에 여기저기 흩뿌려주었다. 그러고도 마음이 달래지지 않아 한참을 혼자 방바닥에 누워 솟아오른 배를 부여잡고 천장에 대고 그 아이의 이름을 불러보기도 했다. 사실은 남편도 모르고 딸아이가 나중에 들으면 서운할지도 모르지만, 그 아이가 죽은 후 한동안은 윤서를 태명이 아닌 "달덩아……"라고 부르기도 했다.

그리고 어느덧 몇 개월 후, 우리 집엔 '우리 강아지'라고 불리는 한 여자아이가 태어났다. 어깨 위로 안아 올릴 때마다 느껴지는 묵직한 무게감은 먼저 세상을 떠난 그 아이를 한동안 기억나게 했다. 내 책상 옆 책장에 장식되어 있던 달덩이 사진은 남편이 조심스레 '우리 강아지'의 백일 사진으로 바꿔놓았다. 바로 알아차렸지만 뭐라고 불평하진 않았다.

어느 날 '우리 강아지'가 엄마 작업방을 여기저기 뒤지다가 치워놓았던 그 아이의 독사진 액자를 발견했다.

"이 멍멍이는 뭐야?"

"응. 이름은 달덩이고 네가 태어나기 전에 이 집에 살던 아이야."

아이는 우스꽝스러운 이름에 "달덩이~?" 하고 말꼬리를 올리며 키득키득 웃더니 이내 자기도 흰색 강아지를 키우고 싶다고 졸라댔다. 나는 아이의 머리를 쓰다듬으며 꼭 그러자고 약속했다.

지금도 가끔 그 아이가 마지막 숨을 거둔 동물병원 앞을 지나다닌다. 동물병원 외벽 유리에 비친 내 모습 옆에는 그때는 존재하지 않았던 한 여자아이가 두 팔로 내 다리를 찰싹 휘감고 있다. 그 아이가 서 있던 바로 그 자리에.

달덩아. 이젠 정말 안녕. 윤서가 일곱 살 되는 해에 너와 꼭 닮은 아이를 또 입양해올 거야.

그땐 그랬지

나의 몇 안 되는 취미 중 하나는 B&B$^{Bed\&Breakfast}$를 검색하는 일이다. B&B는 말하자면 아침밥을 주는 민박집인데, 주인장 개개인의 개성이 넘치다 보니 홈페이지만 구경해도 흐뭇하고 정겹다. 호텔 방 검색이 이 가격에 이 정도면 저 가격에 저 정도보다는 나을 것이라는 머리 싸매는 효용 가치에 대한 객관적인 비교라면, B&B 검색은 직관적인 느낌으로 이 집과 이 집주인을 만나고 싶은가만 가늠해보면 된다.

처음 B&B라는 형태의 숙소에 대해 알게 된 것은 작가 무라카미 하루키의 미국 체류 에세이에서였다. 그는 저명한 작가들의 별장과 휴양지로 유명한 이스트햄프턴 지역의 '더 핑크 하우스'라는 B&B에서 묵었던 에피소드를 그 책에 썼다. 회사를 그만두고 잠시 쉬던 나는 뉴욕 여행을 가는 김에 꼭 한번 들러서 묵어봐야겠다고 벼르고 있었다. 그런데 아쉽게도 그사이 핑크 하우스가 폐업을 해서 대신 메인 스트리트에 위치한, 그 동네의 노포 격인 '메이드스톤 암스'라는 B&B에 묵기로 했다.

스물여덟 살의 나는 인생 다 산 듯한 노인처럼 지쳐 있었고 마치 작정하고 은퇴한 사람마냥 퇴직금을 두둑이 챙겨 들고 뉴욕으로 갔다. 고등학교 시절 잠시 살았던 이래 근 십 년 만이었다. 나는 5번가에 있는 쓸데없이 비싸고 과하게 모던한 부티크 호텔에 혼자 묵으면서 매일 바니스나 삭스 피프스 애비뉴에 가서 쇼핑을 하고 밤이 되면 브로드웨이 뮤지컬을 보러 다녔다. 돈과 시간을 아낌없이 썼지만 공허하고 적적했다.

다행히 여행 중에 대학 때부터 같은 기숙사에서 지내며 따르던 한 오빠네 집에서 며칠 묵을 예정이었다. 한국 기업의 현지 주재원으로 일하던 오빠는 한 살 연상의 아름다운 아내, 돌도 안 된 남자 아기와 함께 허드슨 강 건너 뉴저지의 고즈넉한 개인 집 이 층에 살고 있었다. 맨해튼의 소란에서 벗어난 조용한 교외 라이프였다.

내가 건너갔던 주말에는 부근에 사는 한국인 유학생 부부를 초대해 저녁을 차려 먹으며, 당시 인기리에 방영하던 〈섹스 앤 더 시티〉 시즌 1을 거실에 모여 앉아 두런두런 관람했다. 식사 후 맥주 한 캔씩 손에 들고 싱글들의 좌충우돌 연애담을 담은 미국 드라마를 볼 때가 그 네 명의 기혼남녀 얼굴에 가장 화색이 돌았던 순간으로 기억한다. 다행히 어린 아가들은 일찍 잠들었으니 그야말로 '어른들의 밤'. 설거지를 겨우 마치고 에피소드 중반쯤 앞치마를 벗고 합류한 언니의 지친 옆모습에도 조금은 설레는 듯한 홍조가 깃들었다.

지금 돌아보면 시건방지기 짝이 없는 생각이지만, 당시 나의 눈에는 왠지 큰 낙 없이 어린 아기를 혼자 키우며 미국 드라마 보는 게 유일한 낙일 것 같은 오빠네 언니가 안쓰러워 보였다. 나까지 합세해서 남편의 진짜 동생도 아닌 그저 알던 동생이라는 이유로 가사일에 더 부담을 주는 것 같아 미안하기도 했다. 심지어 여자인데. 모종의 불편하고 죄스러운 마음을 느꼈던 나는 엉겁결에 언니에게 나와 이스트햄프턴으로 1박 여행을 가지 않겠느냐고 물었다. 어린 아기도 데리고 가서 콧바람 좀 쐬자고. 혹시 부담 가질까 봐 방값은 이미 냈으니 언니가 대신 차를 가지고 가달라고 부탁했다. 언니는 집에서도 버거운 육아인데 어찌 바깥 여행까지 감행하겠느냐는 표정이었지만 오빠와 잠시 상의하더니 같이 가기로 마음을 바꿨다. 인생이 시시해진 처녀와 인생이 공허해진 아기 엄마 그리고 인생이 뭔지도 모르는 아가. 그렇게 세 명은 1박 2일의 여정을 떠났다.

잘 가꾼 널찍한 정원에 흰색 페인트칠을 한 삼층집 '메이드스톤 암스'에서 우리가 배정받은 방은 이 층이었다. 방 안에는 또 다른 작은 방이 딸려 있었고, 언니는 아이가 중간에 깨거나 시끄러울 수 있다며 자진해서 구석 작은 방에 짐을 풀었다. 저녁 식사는 일 층 식당에서 제공되는 풀코스 프랑스 요리. 아가는 태어나서 처음 하는 여행이라 그랬는지 저녁 식사 도중 곯아떨어졌다.

그녀와 나는 오랜 식사 후, 테라스의 흔들그네 소파로 자리를 옮겨 자는 아이를 유모차에 눕혀놓고 식후 와인을 즐겼다. 그녀는 어땠는지 모르지만 와인이 도와줘도 대화는 이따금 막히거나 어색했다. 나는 아직 인생을 논할 경험이나 상대에게 대화를 맞춰줄 관대함이 부족했던 이십 대 후반이었고, 그 상황에서 솔직히 아무런 추억을 공유하지 않는 아기 엄마와 처녀 사이에 어떤 공통점을 찾을 수 있었겠는가. 기껏해야 공통의 화제인 '오빠'에 대한 뒷담화 정도였는데 그녀가 말을 더 많이 하고 싶어도 애초에 내 지인은 그 언니가 아닌 오빠인지라 한계가 있었을 것이다.

또 비록 1박일지언정 제 몸도 잘 못 가누는 어린 아가를 데리고 콧바람 한번 쐬는 일이 이토록 힘든지 미처 몰랐다. 밥 먹을 때도 겉으로는 우아하게 포크와 나이프로 천천히 음식을 음미했지만 옆자리에 앉혀놓은 아기가 언제 백인 여피족들로 가득한 레스토랑에서 소란을 피울지 몰라 계속 둘 다 마음이 조마조마했다. 그러니 저녁 노을을 보며 기분 좋은 바람을 쐬고 와인 한잔 한들, 긴장이 풀려 기분이 좋아지기 전에 우린 이미 녹초가 되어버리리라는 것을 알았다. 단지 그걸 인정하면 서로에게 실망을 줄까 봐 함구하고 있었던 것뿐.

그런 생각을 혼자 속으로 굴리고 있는데 언니는 아이가 잠에 깊이 빠져든 것을 다시 한 번 확인한 후에 큼지막한 꽃무늬 기저귀 가방에서 무언가를 꺼냈다. 담배였다. 얇은 입술 사이로 가느다란 담배가 들어가더니 이내 곧은 직선으로 연기가 뿜어져 나왔다. 그러고는 자신의 지난 이야기를 담담히 시작했다.

그저 순하디 순한, 남편에게 복종하는 여자. 그저 사랑 하나 믿고 남편 따라 미국으로 건너온, 전통적인 의미에서 천생 한국 여자인 줄로만 알았던 그녀의 눈빛과 표정이 달라졌다. '나 옛날에 이렇게 잘나갔던 여자야'라고 굳이 말로 할 필요도 없이, 그녀의 표정과 몸짓 그리고 담배를 태우는 방식은 많은 것을 이야기하고 있었다. 마치 자신이 우연히 만난 한 살 연하의 남자와 운명적인 사랑에 빠져 급작스럽게 결혼하고 남자의 일 때문에 잠시 자신의 커리어를 포기하고 뉴욕으로 건너오긴 했다만, 설마 맨해튼과는 한참 거리가 먼 외곽의 평화롭고 지루한 마을에서 아이를 키우고 아랫집 유태인 노부부와 동네 유학생 부부하고만 왕래하면서, 이 나이에 이렇게 답답하게 살 것은 꿈에도 상상 못했다는 듯이.

가끔 아이가 자다가 칭얼거릴 때마다 본래의 온화하고 인내하는 표정으로 바뀌어 담배를 안 피우는 손으로 아기의 가슴을 지그시 눌러 달래면서 다시 재웠지만, 아이가 잠이 들자마자 이내 다시 그녀의 표정과 몸짓은 치열하고 부산해지기 시작했다. 그녀의 복잡한 심념과 심경이 고스란히 전달되는 것 같아 괜스레 나는 더 피곤한 느낌이 들었다. 나는 이기적이고 이해심이라고는 요만큼도 없는 참 못된 아가씨였다.

밤새 아기가 세 번 넘게 깨면서 그녀는 바깥방에서 자는 남편 손님 깰까 봐 조마조마한 마음으로 아이를 달랬고, 그 소리를 벽 사이로 들으면서 나는 또 한 번 그녀에게 굉장히 몹쓸 짓을 했다는 생각이 들었다. 나도 숙면을 취하지 못해 짜증이 났지만 그녀에게 괜히 여행 같이 가자고 해서 고생만 시키고 있는 것이기에. 아울러, 원래 아기들은 밤새 수차례 깬다는 사실을 그때는 알 턱이 없었으니 왜 저 아기는 유독 밤중에 저렇게 많이 깨는 건지 순수한 의문이 들었다. 그저 동행한 아기가 소싯적의 오빠를 닮아 예민해서 그런 거라고만 생각했다.

나는 혼자 차지하고 누운 킹 사이즈 침대의 꽃무늬 담요 아래에서, 다음 날 아침 뉴저지로 돌아가면 어서 그 집에서 짐을 싸가지고 나와야지, 외롭고 적적하고 아무도 말을 안 걸어주는 맨해튼의 그 싸가지&바가지 럭셔리 호텔로 돌아가야지 굳게 마음을 먹었다. 대체 맨해튼에서 느꼈던 불안감과 적적함은 뭐였단 말인가. 그 따위는 다음 날 뉴저지에서 뉴욕으로 돌아오는 페리 안에서 싹 다 씻겨 사라져버렸다.

지금 그때를 생각해보면 내가 얼마나 거만하고 무지했는지, 얼마나 이기적이었는지, 얼마나 사치스러운 감상에 허우적대고 있었는지 싶어 얼굴이 다 화끈거린다. 이제는 입장이 바뀌어 내가 아기 엄마가 되었다. 겉으로는 티를 안 내지만 솔직히 속으로는 가끔 미혼 여자들을 보면서 '결혼 안 한 애들이 뭘 알아?' '애도 안 낳아본 애들이 뭘 알아?'라며 욱한 적도 있음을 고백한다. 그럼 뭐해, 욱해봤자 그건 십여 년 전 뉴욕에서의 내 옛날 모습 그대로잖아.

오빠네 부부와는 그로부터 십여 년 후 우연히 다시 인연이 닿았다. 오빠를 오랜만에 만나 물어보았다.

"언니 잘 있어요?"

잘 있어야 하는데……. 지치고 우울해 보이던 그때 언니의 표정이 내 안에서 되살아났다.

"어. 와이프는 지금 직장에 다시 복귀해서 열심히 잘 다녀. 나보다 더 잘 나가."

그 직장은 삼척동자도 알 만한 좋은 곳이었다. 안도의 한숨이 절로 새어 나왔다.

난 여전히 건방졌고 바보 같았다. 아기가 지금 내 옆에서 칭얼대고 있는데 현실을 망각한 채 누가 누굴 걱정해?

나를 안아줘

출산 후 회복을 하면서 예기치 못한 복병은 '허리 삐끗'이었다. 아기를 열심히 안아서 어깨 결리고 팔 저린 건 그렇다 쳐도 허리가 아프면 정말 난감했다. 일단 아이를 영차 들어 올리는 것도 아파 죽고, 아이를 오래 안고 있노라면 점점 허리가 내려앉는 느낌이 들었다. 또 아이를 다시 내려놓을 때는 허리가 끊어질 것만 같았다. 지난번의 너무도 서럽고 쇼킹했던 사레들린 사건과 더불어 이 늙은 엄마의 허리 사정 때문에 일시적으로 애 봐주는 아주머니를 쓰게 되었다.

아주머니가 왔을 때 신신당부했다. '곧 내가 직접 봐야 하니 가급적 손 타지 않게 해달라. 이놈이 벌써 품 맛을 알아서 안아달라고 생떼를 쓴다. 그러니까 가급적 안아주지 마라. 안아주지 않아도 아주머니가 논다고 생각하지 않겠다. 안 그러면 내가 나중에 고생

한다.' 아주머니는 내 앞에선 알겠다고 했지만 우려했던 대로 애를 노상 안거나 업고 한 달을 보냈다.

아주머니가 휴가 간 첫 주말에 혼자서 애를 보는데 내 허리는 최악이었다. 그냥 일어서는 것도 지팡이가 필요할 정도로 엉금엉금. 하지만 아이는 안아달라고 울고 또 운다. 정말 너무하다 싶어 그저 그 상황에서 도망치고 싶을 뿐이었다. 점점 습하고 무더워지는 날씨 속에서 정신마저 아득해질 것 같았다. 아이가 보채는 소리가 점점 귀 밖으로 멀어지더니 불현듯 한 장면이 시야에 어른거렸다.

초등학교 삼 학년, 그때도 초여름 무렵이었다. 끈 원피스를 입고 등교했던 날, 난 적당히 땀에 젖어 귀가했다. 기대도 안 했는데 웬일로 그날따라 엄마가 집에 있었다. 엄마는 몸에 땀 나서 더러우니 씻자고 하며 나의 끈 원피스를 벗기고는 욕조에 몸을 담가 시원한 물로 씻어주었다. 봉곳 솟아오르기 시작한 젖가슴을 보고 놀려대는 바람에 부끄러워 어쩔 줄을 몰랐다. 그러고는 흰색 속옷 하나 입혀 안방 바닥에 미리 깔아놓은 타월에 눕히고 베이비파우더를 온몸에 사분사분 발라주었다.

초여름 더위와 커튼 너머로 간지럽게 불어오는 바람의 촉감, 엄마 허버지의 부드러움 속에 나는 세상에서 가장 깊은 낮잠에 빠졌다. 항상 잠이 들 때쯤이면 눈을 감고 나서 어딘지 무서운 세상으로 빨려 들어갈 것만 같아 최대한 잠들지 않으려고 버텼는데, 이때만큼 안도하며 잠을 청했던 적이 없는 것 같다. 나는 엄마 품속에 있었다. 그 이상 무얼 바랄 수 있단 말인가.

　나는 잠자코 윤서를 들어 품에 안아보았다. 거실 통 유리창에 비친, 안겨 있는 윤서의 표정은 어느새 방실방실, 그날의 나처럼 너무나 행복해 보였다. 추억이 되살아나자 문득 손 타는 것에 대한 근심은 더 이상 별 의미가 없어 보였다. 입장을 바꿔보면 나라도 사랑하는 엄마 품에 폭 안겨 높은 곳에서 두루두루 주변을 구경하면서 나를 사랑한다는 속삭임을 들으며 흔들흔들 나른한 진동을 느끼고 싶을 것 같았다.

　누구는 그러더라. "안아줄 수 있을 때도 얼마 안 돼. 나중에 커서 안아보자고 하면 그땐 아이가 싫다고 내뺄걸." 어서 허리 고치고 팔뚝 근육이나 키우는 게 모녀간에 서로 행복해지는 길일지도 모르겠다.

너 때문에 글발 후져졌어

　육아 초기의 모든 육체적인 고통은 절대적인 수면 부족이 근본 원인이 아닐까 생각한다. 못 자게 하는 고문이 가장 고통스럽듯 수면 부족은 인간을 위태롭게 한다.

　만성 수면 부족에 시달리는 상황에서 베이비시터가 우리 모녀를 매정하게 떠나버리는 오후 세 시부터 다음 날 아침 아홉 시까지 이어지는 열여덟 시간의 육아는 정말 예측할 수가 없었다. 아기는 언제 어떻게 변할지 모른다. 어떤 습성에 대책을 마련해 겨우 대응하고 나면 또 다른 재주를 부려 새로운 과제를 던져준다. 그것이 끝도 없이 이어진다. 언제 터질지 모르는 폭탄을 품에 끌어안고 있는 꼴이다.

　한번은 윤서가 멀쩡히 잘 놀다가 갑자기 막무가내로 떼를 쓰기 시작했다. 도저히 밥 차려 먹을 힘이 안 나서 겨우 짜장면을 시켜

먹고 있었는데 단 십 분의 휴식조차 허락 못하겠다는 듯이 아이는 계속 자신을 안고 돌아다니라고 떼를 썼다. 나는 순간 열불 터지고 서럽고 화딱지 나서 나도 모르게 그만, 손으로 짜장 소스를 듬뿍 찍어 이제 겨우 갓 백일 넘긴 아이의 새하얀 두 뺨에 꼬부랑 콧수염을 그리고 말았다. 이건 엄마 밥 먹는데 괴롭힌 것에 대한 응징이다! 어때, 더 큰 소리로 목청껏 울어봐! 나도 이젠 몰라!

한데 아이는 울부짖기는커녕 처음 맡아보는 짜장 소스 냄새가 꽤 마음에 들었는지 떼쓰기를 멈추고 뭣도 모르고 좋다며 방실방실 웃기 시작했다. 아아 정말, 아이들은 어쩌면 이렇게 생겨먹은 것일까. 너무 괴롭다. 너무 힘들다. 아 진짜 더 이상은 못 견디겠어 하고 항복하는 순간, 내가 딱 도망치고 싶은 그 순간, 아이는 눈을 똥그랗게 뜨고 엄마에게 눈을 맞추며 살며시 미소를 지어 보인다. 세상에, 밀고 당기기도 이런 밀고 당기기가 없다.

어쩌다가 또 아이는 '기왕 선심 쓰는 것 화끈하게!'라는 듯이 나만 보면 미친 듯이 좋다고 온몸으로 표현할 때도 있다. 사람의 인내심을 시험하고 끝까지 괴롭히다가 이내 나 없이는 하루도 못 살 것처럼. 이 극단성, 비합리성, 일방적으로 쏟아지는 애정 공세. 어떤 때는 그게 어찌나 부담이 되는지 그녀가 보내는 너무나도 적나라하고 개방적인 사랑 표현에 숨이 다 막힌다. 아니면 이 엄마라는 사람은 그저 태생이 너무 '샤이'한 건가.

하지만 그러다가도 나 역시 어떤 때는 윤서가 너무 사랑스러운 나머지 머리가 휙 돌 것만 같은 느낌에 휩싸인다. 반면 어떤 때는 그 사랑이 너무 고통스러워, 너무 부담스러워 자꾸 어디론가 도망치고 싶다. 심정적으로 말이다.

그럼에도 내가 윤서를 사랑하긴 사랑하는구나 하고 시무룩하게 납득했던 것은, 그러니까 너무 행복했음을 어떻게 알 수 있느냐 하면 당시 내 글발이 몹시 '후졌기' 때문이다. 난 행복하면 글발 '후져지는' 여자란 말이다.

불완전하게, 있는 그대로

원더풀 투나잇

엄마는 '이대 나온 여자'였다. 여자의 대안적 인생이 그다지 많지 않았던 그 시절에 이화여대를 다녔다는 것은 분명히 대한민국 이십 대 여자로서 누릴 수 있는 특권 같은 것이었다.

엄마의 빛바랜 사진들을 보면 그 학교 여대생들, 참 고왔다. 윤기 나는 머릿결, 반듯한 미니스커트와 매끈한 종아리, 새하얀 이. 도도한 미소를 지을 만했다. 그 콧대 높던 아가씨들은 졸업 즈음에 대개는 서울대학교를 나온 남자들에게 하나둘 시집을 갔다. 마치 그것 외에 인생에 어떤 선택이 있을 수 있겠느냐는 듯이. 연애냐 중매냐는 별 상관없었다. 연애라 하더라도 그것은 이미 예정된 연애였던 터, 자신의 사회적 반경 내에서 선택하는 것은 계산이 아니라 너무나 당연한 운명이었을 테니까.

엄마의 인생이 엉키기 시작했던 것은 그즈음부터였던 것 같다.

서울대 못 간 남자를 사랑했기 때문이다. 사랑을 선택한 대가는 곱게 큰 이화여대 졸업생을 당혹케 하기에 충분했다. 왕십리의 '푸세식' 화장실이 딸린 한옥집과 완고한 시부모의 시집살이. 그러나 자존심과 책임감이 강한 그녀는 한 살 연하 남편의 얇은 공무원 월급봉투로 삼 남매를 낳아 키우며, 더불어 쉽지만은 않은 시부모를 챙겼다. 아이들이 조금 크자 막둥이인 나를 업고 남대문에서 아동복 장사도 시작했다. 거친 상인들을 상대로 실랑이를 할라치면 '이대까지 나온 내가 어쩌다가 여기서 이러고 있을까'라는 상념이 들었을 법하다.

그랬던 그녀에게 인생의 전환점이 찾아왔으니 그것은 남편의 전격적인 전직이었다. 남들보다 늦게 시험을 쳐서 외교관이 된 남편을 따라 뜻밖에 '외교관 부인'이라는 그럴싸한 타이틀을 얻게 된 것이다. 뿐만 아니라 그것은 시부모와 남대문 시장 바닥에서 벗어날 수 있음을 의미했다. 외국 여행이 자유롭지 않던 시절이라 그간 소원했던 이화여대 동창들도 간만에 연락해서 질시 섞인 축하를 해줬다고 한다.

허나 우아할 줄로만 알았던 외국 생활도 쉽지만은 않았다. 외교관으로서는 늦깎이 출발이었던 탓에, 그리고 남편보다 연상이었던 탓에, 남편의 상관 부인들은 종종 그녀의 학교 후배이기도 했다. 해외 공관이라는 곳은 군인 사회처럼 남편 직급대로 굴러가는 세상이니 거긴 거기대로 새로운 시집살이였다. 남편은 남편대로 주중엔 대사관에서, 주말엔 골프 시중을 들어야 하는 공관장에게 스트레스를 받다 보니 이따금 폭음을 했다. 그런 남편의 약해진 모습에 평소 센 척이던 철의 여인도 남몰래 눈물을 흘렸던 것 같다. 절대 우리 앞에서 내색은 안 했지만.

그래도 이국에서만 누릴 수 있는 근사하고 행복한 시간들은 분명 존재했으니, 그것은 외교관들의 부부 동반 파티였다. 비록 서열상 아래라도 외교관 부인이었기에 많은 파티에 Mr&Mrs. Lim으로 정중히 초대를 받았다. 한국 사람들끼리 모일 때는 한국 사회의 축소판처럼 서열 따라 움직여도 글로벌한 파티에선 각자가 독립된 외교사절과 그 나라를 대표하는 레이디로서 작으나마 운신의 자유를 가질 수 있었다. 특히 엄마는 다른 부인들보다 일어와 영어를 자유롭게 구사해 한국 사람들끼리 몰려다니거나 숨지 않고 다른 나라 부인들에게 앞장서서 다가갔다.

하지만 자신이 처한 입장상, 상관 부인들의 옷차림보다 튀거나 화려해서는 곤란했다. 그래서 엄마는 상관 부인들이 즐겨 입는 화려한 한복이나 강한 색상의 롱 드레스 대신 노출이나 여분의 디테일이 전혀 없는 심플한 디자인의 은빛 실크 칵테일 드레스나 아이보리 울 니트 원피스를 선택했다. 둔탁하거나 과하거나, 촌스럽기 그지없는 '시모님들'의 과잉 패션 속에서 엄마의 심플한 우아함은 은은하게 돋보였다.

갓 사춘기에 접어든 중학생 막내딸은 안방의 킹 사이즈 침대에

엎드려 전신 거울 앞에서 파티에 가기 위해 몸단장하는 엄마를 지켜보는 것을 좋아했다. 그토록 빛나고 행복해 보이는 엄마를 보기 싫어할 딸이 어디 있을까. 드레스가 몇 벌 없었기에 선택의 폭은 좁았지만 대신 그녀는 진주나 비취, 상아 등의 수수한 준보석을 마법처럼 다양하게 연출했다. 화장을 다 마치고 마무리로 진주 귀걸이를 할 무렵 상기된 표정으로 거울 너머 나를 바라보며 이렇게 묻는 것이 정해진 수순이었다.

"선아, 엄마 뒷머리 괜찮니?"

난 침대에서 벌떡 일어나 엄마의 뒷머리를 괜히 조금 만지작거리다가 대답했다.

"응. 이제 괜찮아."

흡족한 듯 미소를 짓고 나면 그녀는 마무리로 '화이트 리넨' 향수를 칙, 하고 목덜미에 뿌리고 일어섰다. 그맘때면 현관에서 아빠가 재촉하는 소리가 들렸다.

나는 일찍 자고 집단속 잘하라는 엄마의 잔소리를 들어가며 매니저가 레드카펫 밟으러 가는 여배우를 대동하듯 핸드백을 들고 현관까지 배웅을 나갔다. 아빠는 엄마의 숄을 들고 엘리베이터 앞에 서 있었고 내가 세상에서 제일 예쁜 우리 엄마를 아빠에게 인계하면 두 사람은 손을 잡고 파티 장소로 향했다.

"문 잘 잠가."

"걱정 말라니까."

시동 소리가 멀어질 즈음, 나는 슬그머니 안방으로 다시 들어가 엄마의 물건들을 이것저것 뒤지기 시작했다. 엄마를 닮은 은은한 향수는 그녀의 심플한 행복처럼 아직도 방 안에 그 잔향이 한 가득 남아 있었다.

익숙한 것과의 이별

윤서, 삼십 개월 여아. 이제 기저귀 떼려고 노력 중.

사실 초봄부터 분위기는 잡고 있었는데 내가 원체 게을러 결국엔 어린이집 동생 아가들한테까지 순서가 밀렸다. 음, 정확히 말하면 어린이집 통틀어서 아직 기저귀를 차고 있는 아이는 아장아장 걸어 다니는 십팔 개월(!) 아가와 윤서, 단둘뿐. 엄마로서 대략 난감. 하지만 나는 알고 있다. 사실은 이것이 다 내 탓인 것을. 왜냐하면 내가 기저귀를 좋아해서, 그래서 내가 기저귀를 놓지를 못했던 것이다. 기저귀 채우는 게 편해서가 아니라 나는 육아 중에서 기저귀 갈아 채울 때의 그 느낌을 너무나 사랑했다.

으악! 응가 냄새가 어찌나 고약한지 코를 막고 한껏 찡그리며 고개를 도리도리 흔들고, 성기를 후후 불어주며 예쁘다고 말하고(실제로 너무 예쁨), 닦아줄 때 시원하냐고 물으면서 오가는 교감. 다 끝나고 엉덩이 톡톡 쳐줄 때의 그 느낌. 그리고…… 아이가 아직 나를 필요로 한다는, 취약한 존재라는 느낌. 무엇보다도 기저귀 떼고 나면 이젠 더 이상 아가가 아니라는 서운함.

뒤늦은 숙제 헐레벌떡 잽싸게 해치우려고 간만에 뒤적인, 내가 가진 유일한 육아책 안느 바쿠스의 『아기를 생각한다』에서 배변 훈련 섹션을 읽다가 어쩜 이렇게 내 얘기냐 싶었다.

"부모가 아이를 신뢰만 해주면, 모든 것이 저절로 제자리를 잡아가게 될 것이다. 가장 중요한 것은, 부모 자신이 아니라 아이의 몸이 대소변을 가리는 것이라는 것을 부모가 이해하고 받아들여야 한다는 것이다. 이것은 그리 쉬운 일이 아닌데, 왜냐하면 아이가 대소변을 가리게 되면 우리는 이전에 하루에 네다섯 번씩 기저귀를 갈아주면서 가졌던, 아이와의 너무도 부드러운 육체적 접촉을 잃게 되기 때문이다……"

아이도 기저귀와 이별하는 것이 힘들겠지만 엄마인 나도 아이만큼 슬프고 허전하고 또 앞으로 아이와 내가 그런 신체 접촉을 유지하지 못할까 봐 두려웠던 것 같다. 그래도 급하게 마음먹지 않고, 아이가 스스로의 힘으로 할 수 있을 때까지 지긋이 기다리기로 했다. 그사이 아이가 도움을 원하면 여러 말 없이 조용히 도와주면서, 계속 믿고 기다리면 될 것이다. 생각해보면 여태까지 아이는 가만히 놔둬도 혼자 뒤집고, 앉고, 숟가락을 쥘 수 있지 않았는가! 그러니 때가 되면 알아서 혼자 화장실에 갈 수 있을 것이다. 즐거운 마음으로 그때를 기다리면 된다. 익숙한 것과의 이별은 우리 모두에게 힘들고 슬픈 것이 아니던가. 조금 더 늦게 헤어지더라도, 그게 뭐 어때서?

참고로, 나로 말할 것 같으면 초등학교 삼 학년 때까지 간간이 이불에 지도를 그렸다. 그러고 보니 우리 엄마, 그때 야단 안 치고 은근 흐뭇해했던 것 같다. 바로 이런 마음이었구나.

친절한 금자씨

산후 조리가 끝날 백일 무렵부터 어린이집에 들어가기 전까지 파트타임 베이비시터에게 윤서를 맡기기로 했다. 아침 아홉 시부터 오후 세 시까지 하루 여섯 시간만. 그동안 나는 문간방 작업실에서 문 닫고 일했다.

좋은 베이비시터를 만난다는 것은 하늘이 내린 자비와도 같은 것이다. 몇 개의 알선업체를 손가락이 부서지도록 검색하고 수차례 면접을 보았다. 상상 속의 베이비시터 이미지는 매번 무참히 무너졌다. 긴 머리를 산발하고 긴 손톱에 빨간 매니큐어를 바르고 온 사람이 있는가 하면, 너무나 표정이 어두워서 여차하면 아이를 창밖으로 내던져버릴 것 같은 사람도 있었고, 무섭게 생긴 남편이 대문 밖에서 기다리고 있던 사람도 있었다. 또 바로 어제 중국에서 건너왔다며 내가 말할 때마다 알아듣지도 못하면서 불안한 눈빛으로 고개를 연신 끄덕이는 사람도 있었다.

시간에 쫓기어 하는 수 없이 한 사람을 채용하기로 했는데 그녀는 불행히도 베이비시터보다 나의 '친구'가 되기를 원했다. 내 아이에게 말을 건네고 노래를 불러주고 책을 읽어주기보다 나와 수다를 떨고 싶어했다. 가사일을 일절 도와주지 않는 조건으로 온 베이비시터이다 보니 가뜩이나 작업방에서 숨죽이며 집중해서 한창 글을 쓰다가도 열두 시 땡 하면 부엌으로 나가서 밥상을 차려줘야 하는 것도 조금 짜증 났는데, 처음엔 다소 나를 어려워하던 그녀가 이내 나에게 사적인 이야기를 털어놓으며 심지어 친구 문제까지 상담하기에 이르렀다. 그러고는 어느 날부턴가 무단결근을 하고 더 이상 안 나왔다.

이토록 사람 진을 빼는 경험을 한 후에 우리 집에 온 분이 이금자 선생님이다. 키가 크고 가는 데다 얼굴이 백지장처럼 희고 목소리는 아이처럼 가냘팠다. 처음 본 순간 솔직히 너무 차분하다 못해 심약, 병약하게 생겨서 과연 아이랑 밝게 잘 놀아줄 수 있을지, 아이에게 말이나 걸어줄지 불안했다. 하지만 내게는 선택의 여지가 없었다. 작업방에서 거실 쪽으로 신경을 곤두세워야 했던 첫날 이래 이금자 선생님과 나는 일 년간 매일 점심을 같이 먹는 사이가 되었다. 그리고 우리는 밥을 먹을 때 별말 없이 먹어도 편했다.

베이비시터 이금자 선생님이 참 대단한 게, 근 일 년을 함께했는데도 한 번의 흐트러짐이 없었다. 단 한 번도 지각이나 결근을 하지 않았고 윤서가 잠시 중간에 낮잠을 자는 동안에는 소파에 정좌해서 보육 교사 자격증 시험을 준비했다. 어느 직장에서나 보통 몇 달쯤 지나면 익숙해져서 대충 눈치 봐가며 흐트러지기 일쑤인데, 게다가 일 년 가까이 함께 점심 먹을 정도면 자기 이야기를 털어놓으면서 사적으로 친해지려고 할 법도 한데, 그녀는 끝까지 긴장감을 잃지 않고 나를 적당히 거리를 둬야 하는 '어머님'으로 대해주었다. 가장 고마웠던 것은 나의 존재를 지탱하기 위해 하루 단 여섯 시간의 작업 시간이 너무도 절실했던 나에게 필요치 않은 말을 일절 안 걸어준 것이었다. 그것은 그녀가 스스로의 일에 책임과 자부심을 가지는 만큼 나의 시간과 일을 존중해주었던 거라고 생각한다. 나에게 간섭하지 않고 말을 걸지 않고 아부하지 않는 대신 내 아이를 많이 안아주고 소중하게 아껴주었다.

그녀는 나와 비슷한 연배로 일찍이 고등학교를 졸업한 후 결혼해서 이미 초등학생 두 딸아이의 엄마였다. 한동안 주부로 지내다가 훗날 어린이집을 차리겠다는 꿈을 가지고 베이비시터 경험을 쌓고 보육 교사와 구연동화 전문가 자격증을 준비하며 관련 전문학교를 다녔다. 자신이 가진 재능을 창의적으로 개발해서 목표를 향해 차근차근 과묵하게 걸어가는 사람들을 나는 정말로 존경한다.

윤서가 십일 개월 무렵 아직은 잘 걷지도 못할 때, 잠시 동네의 작은 주택형 어린이집에 보내려고 했던 적이 있다. 매달 칠십여만 원 드는 베이비시터 비용을 삼십만 원 정도로 줄여보려고 내가 꿈수를 썼던 것이다. 적응 기간 때문에 첫 며칠은 어린이집에서 두어 시간씩 보내면서 남은 시간은 여전히 이금자 선생님이 돌보기로 했다. 어린이집 둘째 날, 이금자 선생님과 함께 아이를 데리러 갔을 때의 일이다. 뛰어다니는 큰 아이들 사이에서 혼자 엉금엉금 기어다니며 버거워하는 윤서를 발견했을 때 나는 죄책감으로 마음이 무너졌지만 이 상황을 돌이킬 수 없다는 듯이 애써 밝은 표정으로 아이와 재회하려고 했다. 그런데 옆에서 이금자 선생님은 바로 와락 눈물을 흘리는 게 아닌가.

"윤서가 너무 불쌍해요."

이금자 선생님이 도리어 엄마 같다는 생각에 조금 민망하고 기분이 울적했다. 나도 아이가 불쌍했지만 아이는 강하게 키워도 된다고 스스로 다짐하며, 알량하게 돈 좀 아껴보겠노라고 모질게 일주일을 꽉 채워 내켜하지 않는 아이를 매일 아침 유모차에 태워 억지로 보냈다. 그런데 아이의 표정은 날이 갈수록 어두워져만 갔다. 아직 말을 잘 못하니 엄마한테 설명하지는 못해도 아이의 시선이 부산한 언니 오빠들의 다리만 보고 있을 걸 생각하면 무리도 아니었다.

나는 일주일을 보낸 후, 어린이집을 포기하기로 결심했다. 아이의 우울함, 우울해하면서도 말 못하는 모습을 내가 견딜 수가 없었다. 그리고 이금자 선생님에게 다시 윤서를 맡아주십사 부탁드렸다. 어린이집을 포기한 나에게 그녀는 정말 잘 결정했다고 자기 일처럼 기뻐하며, 다른 일을 받으려고 했던 계획을 취소하고 다시 윤서에게로 와주었다.

윤서가 십오 개월이 되어 완연히 혼자 걸을 수 있고 제법 의사 표현도 할 수 있게 되었을 때 다행히 평소 원하던 다른 어린이집에 자리가 났다. 그리고 이금자 선생님은 흔쾌히 일을 그만두었다. 이제는 자신이 없어도 될 거라며 기쁜 마음으로. 이때도 첫 며칠, 아이가 어린이집에 적응하는 기간 동안 바쁜 나 대신 그녀가 엄마 역할을 자처하며 윤서와 함께 어린이집에서 하루 몇 시간 같이 보내주었다. 집으로 돌아올 때면 아이와 그녀의 얼굴에 자신감 넘치는 미소가 돌아 이번에는 나도 안도할 수 있었다.

우리 집 일을 그만두고 몇 달 후 그녀에게 안부 인사차 연락하니 보육 교사 전문학교를 졸업하고 정식 자격증을 따서 어린이집 선생님으로 취업했다고 했다. 마치 내 일처럼 마음이 좋았다. 그로부터 반년에 한 번씩은 그때그때 윤서의 성장한 모습을 휴대폰으로 보내는데 얼마나 반가워하고 '예쁘다'는 말을 연발하는지 모른다. 그러나 윤서 사진을 그녀에게 정기적으로 보내는 건 되레 나의 사사로운 기쁨이었다. 나는 윤서가 기본적으로 차분하고 중심이 잡혀 있고 단단한 성향인 것은 오롯이 그녀의 영향이라고 지금도 굳게 믿고 있다.

아가들은 안다

우울했던 하루, 결국엔 윤서를 둘러업고 한 시간 걸려 고교 동창 모임에 갔다. 한 친구가 미국 의대 교환교수로 가게 되었고 때마침 또 다른 친구가 일본에서 출장 오는 바람에 부산에서도 한 친구가 올라오는 등 겸사겸사 동창회를 가지게 된 것이다.

나는 일본 오사카의 한인 학교를 나왔다. 그곳은 소위 재일 교포들을 위한 민족 학교로, 모든 것을 일본어로 가르치되 한국의 역사와 언어, 문화를 더불어 가르치는 곳이었다. 민단(남한) 계열 학교였지만, 조총련(북한) 계열의 아이들도 더러 함께 공부했다. 하지만 이곳에선 남한과 북한이 별 의미가 없었다. 한국으로 수학여행을 올 때, 조총련 계열의 친구들은 입국 허가가 안 나서 같이 못 가는 슬픔 정도였다.

우리는 남색 교복을 입고 자전거를 타고 통학하며, 삼 년 내내 스무 명 정도가 한 반에서 옹기종기 모여 공부한 터라 가족과도 같은 사이다. 하이틴 로맨스 같은 일도 더러 있었지만 기본적으로는 그냥 같이 성장한 친구들. 주중 저녁엔 도서관에서 야간 자율학습을 하다 인근 타코야키집으로 간식 먹으러 가고, 주말엔 공원으로 소풍도 가고, 여름엔 산으로 캠핑도 가는 일본 청춘 만화 같은 풍경이었다.

고등학교를 졸업한 지 이십 년도 훨씬 넘었지만 우리는 여태껏 서로와의 끈을 놓지 않은 채 매년 한 번 정도는 모이는데 작년에는 담임 선생님을 일본에서 서울로 모시고 와서 사은회를 열었다. 그날 내가 조금 감상적인 기분에 추억과 재회에 대한 낭독문을 준비해가서 모두 앞에서 읽어주는 바람에 온통 울음바다가 되기도 했다. 그 친구들만 생각해도 행복하고 흐뭇해져서 친구들한테 직접 그 말을 해주었다. 난 가끔 너네 생각만 해도 기분 좋고 행복하다고. 그랬더니 일제히 아이들 눈가가 울렁대면서 자기들도 그렇다고 고백했다.

그날 오랜만에 동창 친구들을 보러 나가면서 나만 혹을 붙이고 가서 대화도 편하게 못하고 민폐가 아닐까 너무 걱정했는데 그것은 기우였다. 아이들이 다 나보다 육아 경험이 많아서 오히려 더 편하게 잘 챙겨주었던 것이다. 가장 놀라웠던 건 윤서가 두 시간 넘게 한 번도 안 보채고 웃고 재롱 피우며 동창 친구들을 하나같이 잘 따랐다는 점인데, 이것은 처음 있는 일이었다.

아직은 돌도 안 된 어린 아기라서 엄마의 일시적인 부재도 감당하지 못하는데, 뷔페식이라 내가 음식을 가지러 가기 위해 자리를 비워도 아랑곳 안 하고 마치 자기도 동창 멤버 중 한 명인 양 뻔뻔하게 내 친구들과 잘 놀고 있었다. 정말 놀랐다. 보통 아이들은 처음 만나는 사람 앞에서, 게다가 엄마가 자리 비운 상태에서 절대 이렇지 않으니까. 대개 빽빽거리며 엄마를 찾았을 것이다. 이건 아무리 봐도 내가 이 친구들에게 무조건적이고 절대적인 호의를 가졌다는 걸 아이도 본능적으로 느끼는 것 같았다. 분위기 자체가 정과 사랑으로 충만했던 자리였기에 윤서가 기꺼이 마음을 연 것이다. 신동이니 조기교육이니 다 필요 없는 것 같다. 아가들은 그 자체로 모든 걸 다 꿰뚫고 있으니까.

엄마의 '베프'도 아이는 딱 보고 알았다. 외국에서 일하는 가장 친한 여자 친구 정희가 다녀간 적이 있었다. 일 년에 한 번 정도 보는 데다 가뜩이나 몇 없는 여자 친구라 소중하고 반가운 친구. 마지막으로 본 게 임신 구 개월 즈음이었는데 당시 그녀가 나의 남산만 한 배를 목격하고 어쩔 줄 몰라했던 것이 생생하게 기억난다. 계속 십여 년을 미혼 마인드로 같이 놀았는데 결혼도 아닌 임신이, 미혼인 자신과 나를 갈라놓는 것 같았다나. 게다가 이번에는 그 결과물을 마주하는 거라 더 긴장했던 것 같다.

사실 그녀나 나나 원래 그리 아가들을 좋아하는 스타일은 아니었지만 서울에 온다고 전화하면서 보통 '애는 잘 크냐, 빨리 보고 싶다' 정도는 인사치레로 할 수 있었을 텐데 아무 얘기도 안 하는 거 보니 '아, 애가 좀 긴장했구나' 알 수 있었다. 하지만 우리가 또 언제 인사치레 따위를 했던 적이 있었나.

우리 집에 온 그녀는 어디선가 불쑥 나타나 내 다리 뒤에 숨어 있는 이 작은 몬스터와 마주하고야 말았다.

"너 이놈(윤서)과 만나는 거 약간 긴장했지?"

"응. 혹시나 내가 별로 이 아이를 안 좋아할까 봐. 그리고 그게 티 나서 너에게 상처를 줄까 봐."

친구의 자식은 일종의 시어머니 같은 존재인가 보다. 잘 지내야 한다는 강박을 주는 몬스터. 친구의 사랑과 관심과 시간을 뺏어가는 몬스터. 기혼과 미혼 사이에선 말이 안 통하기 시작하는 원인으로 작용하는 몬스터.

입장을 바꿔 생각해도 긴장될 것 같다. 괜히 막 때마다 옷 선물 해줘야 할 것 같고 같이 놀아줘야 할 것 같고. 친구, 그것도 가장 친한 친구의 자식 앞에서는 완전히 비굴해지는 것이다. 그런데 뭐 아이가 언제 그런 어른들의 감정 노동에 신경 썼는가. 일부러 '여시 짓' 하는 것도, 냉담한 것도 아니고 그냥 있는 그대로 상대를 받아들이는 자연스러운 존재일 뿐이다.

세상을 일 년도 안 살아본 윤서가 앞장서서 대수롭지 않다는 듯이, 아이를 어떻게 다뤄야 할지 몰라 당황해 있던 내 친구를 바로 무장해제시켰다. 평소에 잘 안 놀아주고 방치하는 엄마와는 달리

베프의 딸내미 앞에서 비굴하게 노력 봉사하는 이모에게 윤서는 까꿍이나 짝짜꿍, 짚고 일어서기 등 자기가 할 수 있는 일련의 재주들을 과묵하게 차례차례 선보였다.

친구가 아기라는 외계인과 애써 친해지려고 노력한 것처럼 윤서도 나름대로 최선의 접대였던 듯. 친구가 돌아가고 오 분 후 바로 곯아떨어졌다. 나도 그제야 그녀가 놓고 간 선물을 뜯어볼 수 있었는데, 역시나 싱글들만 할 수 있는 가장 비실용적인, 그리고 엄마들은 절대 안 살 옷가지를 선물하고 갔더라. 사이즈? 물론 절대 맞을 리가 없지.

미아

여섯 살 때 나는 미아였던 적이 있다. 유독 엄마의 손을 놓쳐버린 그날만이 선명하게 기억나는 이유는, 어린 마음에 크게 놀라서였거나 지독히도 많은 비가 내려서였는지도 모른다. 당시 아버지의 직장 때문에 일본 요코하마에 살고 있었는데 한 일본인 중년 여성이 미아가 된 나를 발견해 손을 끌어 잡고 자기 집에 가서 엄마를 기다리자 했다. 지금 돌아보면 모르는 사람의 손을 잡고 가다니 위험천만한 일이었지만 나는 그녀를 직감적으로 믿었던 것 같다. 그녀에겐 귀부인 같은 기품이 넘쳐흘렀기 때문이다.

울적하고 불안했던 마음도 그녀의 집에 다다르자 어디론가 날아가버린 듯했다. 집이 너무도 좋았던 것이다. 대개 평균적인 일본 가정집이라고 하면 다다미 바닥에 좁은 방 두세 개가 복도도 없이 옹기종기 모여 있는 숨 막히는 연립 아파트를 말하는데 그곳은 보기

드물게 천장이 높은 이층집이었다. 거실에는 꽃꽂이 장식과 함께 푹신한 소파에 양털로 만든 카펫이 깔려 있었고 잔잔한 음악이 흘러나왔다. 그녀는 나를 따뜻한 물로 씻기고 잘 마른 옷으로 갈아입힌 뒤 먹을 것을 주었다. "걱정 마, 엄마는 반드시 다시 만날 수 있어"라고 쉴 새 없이 위로하면서.

어떻게 연락이 닿았는지는 알 길이 없지만 세 시간 정도 후에 나는 다시 엄마의 품으로 돌아갈 수 있었다.

엄마는 그 후 한 번도 그날에 대한 이야기를 내게 한 적이 없다. 나는 미아가 되도록 놔둔 부모님을 원망하지는 않았지만 가끔 내가 사라졌던 그 시간 동안 부모님이 어떤 마음이었을까, 어떤 조치를 취했을까 알고 싶었다. 그 이상으로 궁금했던 것은 만약 내가 부모님을 못 만난 채로 그 멋진 일본의 단독주택에서 우아하고 자상한 아주머니의 수양딸로 컸다면 내 인생은 어떻게 달라졌을까 하는 점이었다.

내 이름은 일본 이름으로 바뀌었을까. 더 이상 유치원 친구들이 내 한국 이름을 보고 놀라지 않았겠지. 나에겐 새로운 언니 오빠가 생겼을까. 어쩌면 언니랑 같이 방을 안 써도 되는 귀한 외동딸로 컸을지도 몰라.

귀부인이 케이크와 주스를 먹으며 쉬라고 하고는 잠시 사라지자 나는 거실 소파에서 슬금슬금 일어나 집 안 이곳저곳을 누비기 시작했다. 그녀는 알면서도 내가 여기저기 다닐 수 있게 일부러 놔두었던 것 같다. 새롭고 신기한 공간을 탐험하느라 잠시 시간의 흐름을 망각했던 것일까. 현관문에서 초인종 소리가 났을 때 나는 어쩐지 반갑기보다 이 모험이 끝나야 한다는 사실에 약간 아쉬워했던 것 같다.

 엄마는 막 울면서 "내 새끼, 대체 어디 갔던 거야!"라고 소리치기보다는 담담하고 진중하게 귀부인에게 아이를 보호해준 것에 대한 감사 인사를 했다. 그리고 내 손을 잡더니 아무 일도 없었던 것처럼 조용히 나왔다. 엄마는 집에 가서 나를 또 한 번 씻겼고, 나는 목욕을 두 번 해서 피부가 따가웠지만 꾹 참고 가만히 있었다. 내가 퉁퉁 부은 눈으로 엄마 품으로 달려가지 않고 엄마가 울부짖으며 길바닥에서 자식 잃어버린 잘못을 싹싹 빌지 않았던, 그 담담하고 어색한 상황을 씻어내려는 듯.

라디오천국의 아빠들

"뭐하는 분이세요?"

택시 기사들은 곧잘 자정이 가까운 시간에 집을 나서는 내게 수상하다는 듯 묻곤 했다. 술집에 출근할 외모도 아니고 딱 봐도 아줌마인데 웬일인가.

딸아이를 낳은 지 백여 일 만에 나는 첫 밤 외출을 했다. 어언 2008년 4월의 일이다. 그로부터 매주 한 번 나는 밤중에 택시를 타고 강변북로를 지나 저 멀리 여의도로 향했다. 심야 열두 시를 향해.

"유희열 씨가 새로 라디오 방송을 시작하는데 임경선 씨가 게스트를 하면 좋을 것 같아서요."

일 년 전쯤 교육방송의 한 프로그램에서 방송작가와 게스트로 만난 김성원 작가로부터 섭외 전화가 왔고, 유희열 씨에 대해서는 이름과 명성만 겨우 아는 정도였으나 흔쾌히 승낙했다. 심야 라디오라는 것도 매력이 있었지만 나는 밤중에 어딘가로 탈출하고 싶었던 것 같다. 기왕이면 근사한 남자들이 있는 곳으로.

〈유희열의 라디오천국〉 '헉소리 상담소' 첫 방송에서 그는 나를 '출산 백일 만에 살신성인해서 방송에 임해준 여자'라는 취지로 소개했던 것 같다. 그리고 딱 그날 하루 나를 그토록 비장하게 소개한 이후로는 줄곧 "아아, 그땐 몸 푼 지 얼마 안 돼서 어찌나 부었는지…… 지금 진짜 많이 인간 된 거예요" 하는 식이었다. 하지만 출산 백일 즈음 여자의 부은 몸과 심리 상태, 컨디션, 그리고 그 후 여자가 '짐승'에서 '여자'로 돌아오는 과정이 어떻다는 것을 세세하게 아는 것은, 그가 원체 여자를 좋아하거나 매의 눈으로 세심하게 관찰해서라기보다는 그 역시도 불과 나보다 일 년 앞서 귀여운 딸, 리아를 낳았기 때문일 것이다.

방송 시작 전 대기실에서 혹은 스튜디오에서 음악 나가는 중간중간, 아이에 대한 이야기는 누가 뭐랄 것도 없이 슬며시 나온다. 난 이런 귀한 시간에 아이 얘기 따위는 하고 싶지도 않았지만 디제이가 육아 선배님으로서 한 수 가르침을 주시고자 하는데 입을 틀어막을 수도 없었다.

"이제 점점 집에서 일하기가 힘들어질 거야. 아이가 수시로 방문 두느리고 들어오려고 할 테니까. 밖에 나가서 일할 데를 찾아봐야 할 거야."

"아이가 물 좋아한다고 온천탕에 오래 있다간 열이 날 수도 있어."

"유모차 가지고 다니면서 여행하는 게 얼마나 피곤한 줄 아냐? 택시에서 타고 내리고, 수십 번 폈다 접었다······."

"니네 남편, 정말 너한테 잘하는 거야. 한국 남자 중에 그런 남편 없어. 네가 문제야, 네가."

"애 생일 파티 때는 무조건 뽀로로 케이크로 하도록 해."

돌아보면 윤서의 유아기는 〈라디오천국〉과 함께했다고 해도 과언이 아니다. 초기에는 이 아줌마 아저씨가 대체 뭔 소리들인가, 라며 무심히 한 귀로 흘려듣던 윤성현 프로듀서도 〈라디오천국〉 삼 년 차가 되어 예쁜 딸 초하를 낳더니 귀를 쫑긋 세우며 우리의 육아 대화에 동참하기 시작했다. 나는 이때도 역시 대한민국 여성들이 모두 탐내는 마성의 남자들을 이렇게 가까이에 두고도, 이 아까운 시간에 고작 육아 이야기나 하고 있어야 한다는 사실이 참을 수 없이 싫었지만.

〈라디오천국〉이 시작하고 끝나기까지 삼 년 반 동안 스스로 대견한 게 있다면, 단 한 번도 라디오 스튜디오에 아이를 데리고 가지 않았다는 점이다. 남편의 직업상 해외나 지방 출장이 너무 잦아서 난처했지만 어떻게든 대타 베이비시터를 찾아서 아이를 맡기고 방송하러 나왔다. 희열 씨나 담당 프로듀서는 데리고 오라고, 괜찮다고 했지만 공과 사는 구분하지 않으면 안 된다는 생각이 들었던 것 같다. 아이에 대한 대화를 나누는 것과 아이를 달고 가는 것은 또 다른 차원의 이야기니까.

그래도 딱 한 번 하는 수 없이 딸아이를 데려갈 수밖에 없었던 회식 자리가 있었다. 정일서 프로듀서의 환송회 자리였다. "와, 이제 프로듀서 바뀐다고 애도 막 데려오네"라고 희열 씨는 우스개로 나를 놀렸지만, 그 자리에서 웃긴 동물 표정으로 딸아이와 놀아주고 온 얼굴에 소스를 묻혀가며 입안 가득 짜장면을 우걱우걱 먹던 윤서에게 "우와, 너무 잘 먹네. 잘 먹어서 예쁘네"라며 흐뭇한 아빠 미소를 지어주었던 것도 다름 아닌 희열 씨였다. 정작 자기는 별로 먹지도 않으면서.

매주 한 번씩 마르고 옷 잘 입는 마성의 남자를 만날 수 있다는 것은 부기 해소와 다이어트, 원활한 여성 호르몬 분비에 분명히 보탬이 되었겠지만, 개인적으로 가장 잊을 수 없는 나의 천국의 시간은 녹음이 끝나고 혼자 강변북로를 타고 귀가할 때였다. 방송국으로 향할 때는 오늘 얘기할 내용을 아마추어처럼 촌스럽게 암기하느라 늘 어딘가 긴장되어 있었지만 귀갓길은 긴장이 풀린 상태에서 한껏 감상적일 수 있었다. 넘실거리는 밤의 한강을 물끄러미 내다보며 방송 중 후회되고 반성되는 내용, 당면한 소설 쓰기 과제, 앞으로의 일에 대한 고민 등 온갖 상념에 잠기곤 했다. 그 순간만큼은 고민의 주인공이 라디오에 사연을 보낸 청취자들도, 내 아이나 남편노 아닌 오롯이 나 자신일 수 있어서 조금은 벅찼다.

그러나 호박 마차는 어느덧 집 앞에 다다랐고, 아파트 경비 아저씨의 미심쩍은 시선을 피해 집으로 올라가서 남편과 아이를 깨우지나 않을까 조심스레 문을 열고 들어가면, 맨 먼저 시야에 들어오는 것은 장난감으로 빼곡히 어지럽혀진 거실, 그리고 안방에서 잠옷도 안 입은 채 대충 아무렇게나 굴러다니며 잠든 남편과 아이의 모습이었다.

휴우, 나는 크게 심호흡을 한 번 하고 안방 문을 닫고는 어지럽혀진 거실을 불도 안 켜고 치우기 시작했다.

괴물

한동안 몸 왼쪽이 모조리 아팠다. 왼쪽 목부터 어깨, 팔, 등, ……. 팔은 무슨 오십견 온 것처럼 똑바로 들 수도 없었다. 처음엔 몇 달간 요가를 쉬어서 그런 줄 알았다. 산후풍의 일종인가 싶기도 하고. 그때그때 대충 해소해가며 참다가 어느 날은 정말 이건 아니다 싶어 한의사에게 가서 진단을 받았는데 왼쪽이 다 틀어졌단다. 왼쪽이 전체적으로 들려서 왼쪽 다리 길이가 더 짧아져 있었다.

윤서를 끼고 자서 그렇다는 걸 나도 알고 있었다. 안방 더블 침대에서 떨어지지 않게 벽과 나 사이에, 나의 왼쪽으로 밀어놓고 재우다 보니 왼쪽 몸이 늘 긴장되어 있었던 것 같다. 아침에 일어나면 늘 팔이 저렸다. 뭐 그러려니 하면서 그냥 넘어갔다. 그런데 윤서가 부쩍 몸집이 커지고 다리가 길어지자 자다가 뒤척이면서 팔로 내 얼굴을 때리기도 하고 머리통으로 쿵 박기도 하고 내 허벅지 위에

닭 다리처럼 토실토실한 다리를 척 하고 올려놓기도 했다.

한동안은 그런 고통마저 모녀간의 스킨십이라고 흐뭇하게 생각하며 이렇게 컸구나 짠해지기도 하고, 자다 깨도 오히려 아이가 곁에 있다는 그 따뜻한 느낌에 한 대 맞은 내 얼굴 따위 뭐 대수랴 싶었다. 한데 몇 주 전부터 아이의 뒤척임이 더 과격해지면서 그만큼 내 수면의 질은 바닥을 치기 시작했다. 급기야는 하룻밤에 열 번 가까이 깨기도 했다. 아이의 감미로웠던 발 내음이 서서히 지옥의 유황 냄새로 변해갔다.

그러던 어느 날 밤 윤서가 얌전히 푹 잘 자는가 싶었는데 잠결에 또 나의 몸에 자신의 다리를 올려놓았다. 한 달 전의 무게와는 사뭇 달랐다. 이젠 좀 부담스러웠다. 그래서 처음엔 살짝 원위치로 내려놓았다. 그랬더니 "끄응~" 하다 다시 척 하니 등 돌리고 자는 내 몸에 자기 다리를 올리면서 몸을 밀착해왔다. 짜증이 밀려오기 시작했다. 무음으로 우씨, 한마디 내뱉고 다시 윤서의 다리짝을 저쪽으로 밀쳐냈다. 잠결에 내쳐진 느낌을 알았는지 윤서가 갑자기 훌쩍훌쩍 흐느끼는 소리가 들렸다. 아직 눈은 감은 채였다. 좀 미안했지만 너무 피곤해서 못 들은 척하고 나도 잠을 청했다. 다시 조용해지는가 싶더니 이번에는 좀 더 세게 척! 하고 무거운 다리 토막을 내 몸에 힘차게 내려놓았다.

"야!"

나는 아픈 왼팔에 힘을 줘서 다리를 저 벽 쪽으로 확 밀쳐버렸다. 사실은 몸통 자체를 던지고 싶었다. "으앙~" 그녀가 울음을 터트렸다. 너무나 낮고 서러운 울음이었다. 하지만 아직 잠결인지 눈을 감은 채였다. 아니면 현실을 마주하기 싫어서 눈을 꼭 감은 것일까?

"시끄러."

나도 모르게 내 안 깊숙한 곳에서 어떤 감정 섞인 목소리가 나왔다. 미쳐버릴 것 같았다. 잠 좀 자자, 제발. 이번에는 틈도 안 줬다. 윤서는 해볼 테냐는 식으로 다리를 척 하고 또다시 내 몸에 감았다. 난 폭발했다. 내 팔에 분노라는 감정이 담겼다. 다리를 저쪽으로 힘껏 밀쳤고 벽에 다리가 맞을 뻔했다.

"제발, 쫌!"

원망과 미움과 가래가 한껏 끓는 목소리로 나는 역정을 냈다. 이번에는 윤서가 꺼이꺼이 흐느껴 울었다. 그제야 정신을 차렸다. 아무리 예쁜 자식이라도 내 몸만큼은 안 예쁜가 보다. 내 본능 속의 모든 공격성이 하필 내가 가장 사랑하는 존재 위에서 터질 수도 있다니. 그 순간 나는 정말 내 자식이 너무너무 미웠고, 동시에 나 자신도 너무너무 미워서 우울해 미치는 줄 알았다. 윤서의 흐느끼는 서러운 울음소리가 아직도 귀에서 맴돈다.

어떻게든 복잡한 감정을 가라앉히려고 아이를 등지고 마음을 다스리려 하는데 이내 소리가 잦아들었다. 슬며시 돌아보니 아이는 눈물을 그치고 다시 쌕쌕 곤히 잠이 들었다. 눈가엔 방울방울 유리

알 같은 눈물이 맺혀 있었다. 엄마들은 때때로 애를 내동댕이치고 싶지만 상상으로만 그럴 뿐이고 그런 생각을 품었다는 자체만으로도 죄책감을 느끼는데 나는 실제 그런 행동을 했던 것이다. 눈가에 여전히 눈물이 고인 채로 잠든 구슬픈 모습에 나는 감정이 북받쳐 '딸아 미안해' 이러면서 참회의 눈물이라도 흘릴 줄 알았는데, 울음은커녕 열받은 가슴은 아직 진정될 기미조차 안 보였다. 그러다가 이내 나도 까무룩 잠이 들었던 모양이다.

아침에 우리는 거의 동시에 눈을 떴던 것 같다. 윤서는 조금 부은 눈으로 첫날밤을 같이 보낸 애인을 쳐다보듯, 배시시 미소를 지었다. 그제야 눈시울이 뜨거워졌다.

엄마의 죄의식

나는 대외적인 이미지가 상당히 왜곡되어 있는 여자다. 특히 '캣우먼'이라는 이름으로 신문 칼럼이나 방송에서 보여주는 특유의 직설 화법 때문인 것 같다. 화통하고 시원시원하고 똑 부러진다는 얘기를 참 많이 듣는다. 그러나 나를 실제로 아는 사람들은 다 아는 이야기지만 나는 전혀 시원시원하거나 똑 부러지는 사람이 아니다. 단호하기는커녕 회색주의적인 면모가 훨씬 더 많을 것이다. 모르겠다. 그냥 일을 할 때 다른 누군가가 내 안에 잠시 들어왔다 나가나 보다.

어쨌든 원인 제공은 내가 했다. 사람들이 내게 가지는 선입견이 그렇다 보니 간혹 메일함에 늘어오는 편지들을 읽노라면 내가 출산도, 육아도 무척 치밀하고 꼼꼼하게 했을 것 같다는 그릇된 환상을 준다는 사실을 알 수 있었다. 아이를 가지면 잘 키울 수 있을지, 어떻게 하면 잘 키우는 것인지, 출산 후 직장에 복귀할 수 있을지, 바깥일과 집안일의 양립이 가능할지, 경제적인 형편이 이런데 둘째를 낳을 엄두를 내도 되는지, 그리고 아이를 정말 가져야 하는지 등 진지하고 절실한 질문들을 던졌다. 내가 대체 무슨 말을 그들에게 할 수 있을까.

정말이지 나는 무척이나 치밀하고 꼼꼼해서 일단 아픈 거 무섭다고 노산 핑계로 제왕절개 했고, 조리원에서 밤중 수유 다 거부하고 내 몸부터 챙긴다며 매정하게 잠만 내리 잤고, 모유 잘 나오는데도 내 몸 힘들다고 오래 안 먹였고, 분유도 제일 저렴한 거 먹이고, 대신 기저귀는 비싼 거 썼는데 그건 내 손 헐지 말라고 그런 것이었다. 아이가 걸어 다닐 수 있을 때부터 어린이집에 보내서 아파트 어르신들한테 욕먹었고, 일하다가 피곤하면 어린이집에 아이를 늦게 데리러 갔고, 피곤해서 아이용 반찬은 굳이 따로 안 만들었다. 그래도 엄마가 해주는 밥이 제일 맛있다고 해주니 딸에게 너무 고맙다. 그런데 그 반찬들도 밖에서 사 온 거거든? 다들 겉보기에 속지 말아야 한다.

아이가 육 개월이 되고부터 분유를 먹였는데, 그런 뻔뻔한 나조차도 '모유 수유=엄마 사랑'이라고 주변 사람들이 이야기하면 기분이 우울했다. 온갖 유아 용품의 홍보 세례를 고집스럽게 거부하면 나쁜 엄마 아닐까. 수면 부족에 너무 괴로워 아이랑 적극적으로 놀아주는 대신 비디오만 보게 하면 아이를 방치하는 엄마가 아닐까

자책했다. 동요 듣고 율동하며 즐거워하는 아이를 데리고 문화센터에 다니지 않으니 아이의 기회를 박탈하는 것 같아 괜히 미안했고, 어린이집에 아이를 데리러 갈 때도 일부러 지친 기색을 하고 가야 왠지 미안하지 않았다. 왜? 애는 어린이집에 맡긴 채 엄마가 너무 희희낙락해 보이면 죄인이 돼버리니까!

엄마는 편하고 즐거우면 죄의식을 느껴야만 '비양심' '무개념'에서 벗어나는 것일까. 왜 엄마는 즐겁고 가벼운 마음으로 일하면 안 되는가. 왜 엄마는 자기 시간을 가지면 안 되나. 왜 완벽하지 않으면 안 되나. 가사일을 제대로 꼼꼼히 못한다고, 남편보다 집에 늦게 들어간다고, 애를 남의 손에 맡긴다고, 애랑 충분히 못 놀아준다고 왜 죄의식을 가져야 하는 걸까.

서른일곱 살에 '엄마'로 첫걸음을 내딛기 시작하면서 줄곧 내 안에서는 이기심과 죄의식이 맞부딪치며 갈등을 일으켰다. 나는 그 둘 다에서 약간 멀리 서 있기로 했다. 그것은 어차피 나의 느낌이었다. 이때만큼은 초점을 아이의 마음에 맞춰보자고 생각을 바꿨다. 무게 중심을 내가 아닌 아이에게 두니 그때그때의 판단이 훨씬 더 명료해졌다. 물론 제3자의 간섭 어린 소음으로부터는 완전히 벗어나기로 마음먹었다.

나는 그저 아이기 원하는 것을 예민하게 감지하고 가능한 한 내가 할 수 있는 만큼은 기꺼이 하려고 했다. 아이에게 본능적으로 반응하며, 있는 그대로의 내 모습으로 좌충우돌하며 적응해가기로 한 것이다. 있는 그대로의 취약한 아이와 있는 그대로의 서툴고 부족한 엄마의 조합. 힘겨울 때도 있었지만 최대한 무리하지 않기로 했다. 어차피 바꿀 수 없는 것, 무리할 대로 해놓고 죄의식을 가지는 것 자체가 스트레스가 된다.

그러니 모두들, 지나치게 모성을 찬양하고 엄마를 위대하다고 해줄 필요 없어요. 노 땡큐. 나는 나대로 알아서 편하게 하고 있으니까 그런 칭찬과 기대와 부담은 사양할게요.

'남들은 다 제대로 잘하고 있는데……' '다들 그래' '무조건 이래야만 해' 같은 생각에 휘둘리면 아이를 키우는 일은 너무나 고통스러워지고, 그러다 아이가 행복해지기 전에 엄마가 불행해진다. 엄마가 불행한 것보단 불완전한 게 백배 낫다. 단, 그렇게 불완전한 엄마임에도 이 세상에서 나만큼 내 아이를 챙기고 좋아하는 사람은 없다. 누가 뭐래도 아이에겐 '내 엄마'가 가장 완전한 엄마인 것이다. 그러니까 우리는 그 기적 같은 아이의 확신을 있는 그대로 행복하게 받아들이면 된다.

옛 연인을 찾아가는 여정

만일 내게 허락된 시간이 얼마 안 남았고 인생의 마지막 여행을 해야 한다면, 아마도 옛사랑을 찾아가는 여행을 선택할 것 같다. 영화 〈브로큰 플라워〉에서 옛 연인들을 찾아 나서는 중년 독신 남자 빌 머레이처럼. 내 여행 가방은 무척이나 가벼울 것이다. 옛 남자 친구 두 사람의 전화번호가 찍힌 메모 한 장이면 되니까. 어쩌다 보니 이 두 사람은 여행하기 딱 좋은 도시에 각각 살고 있다.

잔상에 오래 남는 남자 친구들은 의외로 미칠 듯이 격하게 죽고 못 살았던 이들이 아니었다. 되레 이란성 쌍둥이처럼 호흡과 일상을 공유하고 남녀간의 그 흔한 밀고 당기기 하나 없이 그저 함께 있으면 그 자체로 행복했던, 아늑하고 안심되는 상대들이었다. 그러던 어느 날 두 사람에겐 이별이 너무나도 자연스럽게 찾아왔고 정확한 이유는 아무도 모른 채 그냥 서로에게서 멀어져갔다.

격한 사랑을 하다가 헤어지면 등 뒤에 칼을 맞은 듯한 예리하고 급격한 고통이 밀려오지만, 이런 아득하고 부조리한 이별은 그저 시름시름 앓는 위염과도 같다. 멀쩡하다가도 어떠한 사소한 자극에 속이 울렁거리고 나을 듯 나을 듯 기어코 낫지 않는다. 이별조차도 한평생 품고 가는 것이다. 가끔 그런 생각도 해본다. 어쩌면 그들과는 섹스를 한 번도 안 했기 때문에 이토록 내 마음속에 오래 남아 있는 건 아닐까.

그렇다고 재회해서 그들에게 아내나 여자 친구가 있건 말건, 뭐 어떻게 수작을 부려보겠다는 건 아니다. 이 나이에 솔직히 속옷 신경 쓰기도 귀찮고, 〈매디슨 카운티의 다리〉의 메릴 스트립처럼 수줍은 듯한 관능도 없고, 무엇보다도 수작을 부리기엔 그들이 클린트 이스트우드처럼 잘 늙었다는 보장, 아니 가능성이 거의 없어 보이기 때문이다. 나는 뒤끝 있는 여자, 그저 만나서 묻고 싶을 따름이다. 우리 그때 대체 왜 헤어진 거냐고. 그 이유를 알면 뭔가 인생의 퍼즐 빈 곳이 채워질 것만 같고, 이유가 어떤 것이든 간에 뒤늦게나마 납득할 수 있을 테니까. 인생의 종착역에 서서 스스로에 대해 하나하나 '납득'해나간다는 것은 매우 중요한 치유 의식이니까.

그런데 여행길이 조금 심심할 것 같기도 하다. 나는 가방 안에 전화번호가 찍힌 메모 말고도 엉덩이부터 삐져나올 내 딸을 넣어 다니고 싶다. 어차피 내 딸은 엄마가 생업으로 연애나 남자에 대한 생각을 주구장창 지겹지도 않게 하고 산다는 걸 익히 알고, 다행히 그것을 이해해줄 테니까. 또한 딸과 함께라면 행여나 재회의 술이라도 얻어 마시고 술김에 수작 피울 객기가 다스려질 테니까. 다만 한 가지 바람이 있다면 부디 그녀가 어쩌면 추레해진 중년 남자들을 보고 "엄마 옛날 애인들 좀 후져"라고 핀잔하지 않기만을 바랄 뿐이다. 그리고 내 딸 보기 창피하니까 제발 골프 셔츠만은 입고 나타나지 않았으면 좋겠다.

그나저나 집에 놔두고 온 중년 남자는 어떡하느냐고? 내 남편은 마음이 바다처럼 넓은 사나이니 (아마도) 보내줄 것이다. 그래도 여행이 끝나면 반드시 집에는 돌아오라고 하겠지.

달
콤
한　항
　　복

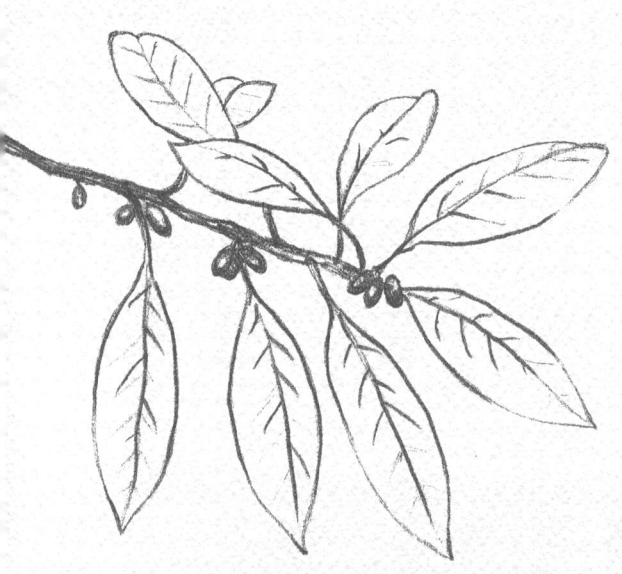

눈부시게 아름다운 열일곱

"십 대 때 하는 사랑만이 진실한 거야."

엄마가 어느 날 내게 해준 말이다. 나는 여자의 일생 중 가장 눈부시게 아름다운 열일곱 살의 여자아이였고, 그날은 생애 첫 키스를 하던 날. 나는 남자 친구와 같이 있다가 귀가해 엄마에게 동네 산책을 나가자고 했고, 뺨이 발그레 상기된 딸의 옆모습만 보고도 사태를 파악하셨던 것 같다.

"너 오늘 무슨 일 있었니?"

나는 그녀의 자상한 어조에 말을 안 하면 울먹거릴 것만 같아 울컥 고백을 해버리고 말았다. 그리고 엄마는 예의 그 말을 내게 남긴 것이다.

"십 대 때 하는 사랑만이 진실한 거야."

나는 부끄러워 터져버릴 것 같아 고개를 못 들고 몇 걸음 뒤처진 채 그저 곁눈질로 엄마를 흘끔거렸다. 그 이야기를 할 때 저녁 노을을 배경으로 무척 온화했던 엄마의 미소를 기억한다.

"참…… 너 남자 친구 생기면 집에 다 데려와 봐."

막내딸은 그 말에 힘입어 그날 저녁을 기점으로 끊임없이 남자 친구를 집에 데리고 오는 품행 방정한 여대생 라이프를 시작하게 되었다.

"지금 이 새벽까지 너보다 더 따뜻하게 와 닿은 자가 없었던 것을 고백한다."

"나의 스무 살은 너로 인해 행복했고 너로 인해 괴로웠다."

"지금 나의 마음은 더할 것 없는, 순수한 너에 대한 사랑으로 물들어가고 있다."

사랑에 빠진 이들은 모두 시인이 되나 보다. 연애편지를 시시콜콜 참 많이도 주고받았다. 대부분은 열일곱 살부터 갓 스무 살을 넘기기까지 주고받은 것들이다. 온종일 손 꼭 잡고 볼을 비비는 것으로도 모자라 집에 가서 편지를 썼다. 이마 언저리에 그의 얼굴이 껌 딱지처럼 붙어 어른거리니 나도 어쩔 수가 없었다. 매일매일 퍼내도 넘쳐나는 사랑을 상대에게 편지로나마 덜어내는 수밖에 없었다. 십 대 후반에 경험하는 연애가 순도와 농도 면에서 그 어느 때보다 월등히 뛰어나서 그럴 것이다. 그보다 어리면 사춘기의 풋사랑이 되어버리고, 이십 대를 훌쩍 넘기면 온전히 사랑 하나로는 건사가 안 될 만큼 여자나 남자나 너무 똑똑해져버린다.

요령이 없던 것은 분명 축복이었다. 피가 펄펄 끓는 상대를 속박하고 싶어도 하는 방법을 몰랐고, 반대로 구속당해주는 시늉도 못했다. 힘껏 포옹했을 때 사타구니에 딱딱한 게 느껴져 당황한들, 그저 무턱대고 계속 껴안으면서 같이 달래는 것밖에 할 줄 몰랐다.

이렇게 매사에 속수무책이다 보니, 흔히 연애는 자연 발생과 자연 소멸을 반복했다. 무리해서 노력하거나, 밀고 당기기 따위의 연명 장치를 부착할 줄도 몰랐다. 늘 감정이 이성을 총체적으로 앞섰기에 그저 거칠게 사랑했고, 한쪽의 감정이 식으면 다른 쪽은 고통스러워했지만 그 절망조차도 신선한 감동이었다. 가장 무방비한 상태로 사랑을 해도 젊고 건강할 때라 그런지 상처는 이내 아물었다.

십 대 후반의 연애가 종종 요란하게 삐걱거렸던 이유는 우리가 사랑하는 동시에 인격적으로 성장하느라 그저 모든 것이 '겨웠기' 때문이다.

"나한테 보란 듯이 네 날개를 뽐내지 말아줘. 날아갈 거면 어서 날아가버리란 말야."

성장 속도는 서로 늘 앞서거니 뒤서거니 했기에, 자신과는 다른 생각을 하기 시작하며 날개를 펄럭거리는 모습을 자랑하는 연인의 모습을 견뎌내지 못했던 것이다. 아끼는 만큼, 직설적으로 사랑을 표현하는 만큼, 비판도 매몰차고 냉정했다. 그조차도 사랑의 다른 표현 방식임을 이해하는 데는 한참의 시간이 필요했다.

"우리 참 그때 제대로 바보들이었네. 왜 그렇게밖엔 못했을까?"

눈부신 사랑과 청춘의 세월은 떠나버렸지만 그제야 서로를 무조건적으로 용서할 수 있었다.

딸아이의 옆모습을 물끄러미 바라보노라면 언젠가 이 아이에게도 사랑의 설렘이나 갈증, 고통 같은 것이 찾아오리라는 생각이 들어 내 가슴이 다 뜨거워진다. 엄마가 내게 그랬던 것처럼 나도 딱 보고 딸아이의 첫 설렘이나 첫 실연을 감지할 수 있을까.

"엄마가 캣우먼이면 얼마나 좋을까요? 아무거나 다 상담할 수도 있고."

이런 얘기를 꽤 듣지만 나는 최소한 사랑에 한해서는 딸에게 아무 도움을 못 준다는 것을 너무나도 잘 알기에 벌써부터 안타깝다. 그리고 엄마와 딸이 과연 서로의 사랑에 대해 얼마나 허심탄회하게 이야기할 수 있겠는가. 딸이 내게 토로하는 건 상관없지만 난 너에게 절대, 절대 말 못해.

벌써부터 겁 먹은들, 보아하니 딸아이에겐 여전히 또래 남자아이란 귀찮고 성가신 그 무엇. 유치원에서 자기를 괴롭히는 남자아이가 있다고 오늘도 엄마에게 고자질이다.

"그 아이가 너에게 어떻게 했니?"

나는 아이의 울렁거리는 두 눈을 바라보며 묻는다. 아이는 이 상황을 어떻게 설명할까 골똘히 눈을 허공으로 치켜뜬다.

"음……."

"대체 어떻게 했길래? 너를 때렸어?"

때렸느냐는 엄마의 다그침에 이번엔 아이가 흠칫 놀란다.

"아니, 아니. 나한테…… 메롱메롱 하고 간질간질 했어."

그와 동시에 내 표정은 순식간에 웃음으로 무너진다. 아, 왜 이토록 사무치게 부럽지?

어린이집 가는 길

윤서는 돌이 갓 지난 무렵부터 봄, 여름, 가을, 겨울, 하루도 빠짐없이 자기 몸집보다 큰 어린이집 노란 가방을 메고 현관을 나섰다. 아니, 그 어린것을 어떻게 어린이집에 보내느냐는 아파트 어르신들의 이야기를 들으며. 12월 말일 생이라 가장 어린 영아반 중에서도 막내였다.

걱정과 근심, 아이에 대한 죄책감과 보육 선생님에게 느끼는 괜한 미안함. 그러나 어린이집 김은영 선생님은 단호했다. "아기를 맡긴 부모님도, 맡은 선생님도 힘들지만 누구보다 윤서가 제일 힘들어요. 윤서가 집처럼 느끼도록 해주는 게 제일 중요하니 어머니께서는 윤서의 마음에만 집중하시면 됩니다."

아이는 다행히 어린이집 생활에 자연스럽게 적응해갔다. 그래도 가끔 가기 싫다고 소극적으로 표현하기도 했고, 그럴 때마다 내 마음은 무거워지고 아이를 맡기고 돌아와서 원고를 쓰고 있어도 마음 한쪽이 납덩이처럼 묵직했다. 그렇다고 일할 시간을 포기할 수는 없었다. 아이의 마음을 생각했다. 아이가 조금 더 기쁜 마음으로 다닐 수 있는 방법을.

우선 어린이집에 데리러 갈 때마다 길가에 피어 있는 이름 없는 들꽃 한 송이나 예쁜 나뭇잎을 하나 주워 아이와 재회할 때 건네주기로 했다.

"자, 이건 윤서 선물."

아이는 좋아하는 남자한테 장미를 받은 여자처럼 함박웃음 지으며 좋아한다. 고이고이 손에 쥐고 집에까지 와서 잘 때도 만지작거리며 잔다.

어린이집 주변이 즐거운 일들로 가득한 상황을 연출하기도 했다. 먹을거리를 사줘도 어린이집 바로 옆 슈퍼에서 사고, 등원하기 전이나 하원한 후에 어린이집 옆 벤치에서 둘만의 오붓한 스킨십 시간을 갖기도 하고, 어린이집 부근에 심어진 꽃나무에 꽃이 얼마나 많이 피었는지 하루하루 함께 관찰했다. 모든 재미와 매력을 어린이집 반경 오 미터 내에서 발견하는 것이다.

설국으로 변한 어느 날 아침, 눈 때문에 유모차로 데려다 주어야만 했다. 눈 보러 가자고 얼른 유인해서 아홉 시 좀 넘어 데리고 나왔는데 막상 유모차에 태워서 가니까 내려서 눈을 만지겠다고 울었다. 그래서 울든 말든 일단 어린이집까지 질주한 후, 그 앞에 유모차를 세웠다.

"윤서야, 엄마랑 눈사람 만들자."

아이는 체념하고 어린이집으로 들어가야 한다고 생각하다가 눈이 휘둥그레졌다. 눈빛은 이내 초롱초롱 장난기로 가득 찼다. 자, 해볼까!

그사이 윤서 친구들이 엄마와 함께 하나둘 등교했고 부럽게 쳐다보는 아이들에게 윤서는 보란 듯이 자랑했다.

"이것 봐라, 나 학교 안 가고 눈사람 만든다! 울 엄마도 같이 만든다!"

어린이집의 김애림 선생님이 중간에 계속 밖으로 나와서 그만 놀고 어서 냉큼 들어오라는 신호인 줄 알았는데, 선생님은 나뭇가지로 눈사람의 눈, 코, 입 만드는 과정을 아이처럼 즐거워하며 함께 응원해주었다.

윤서가 등원하면서 가끔 눈물을 찔끔찔끔 보일 때면 그런 날은 어쩔 수 없이 단 십 분이라도 일찍 데리러 가려고 했다. 시계를 볼 줄도 모르는 아이지만, 그럼에도 엄마가 조금 애쓴 것을 안다는 듯이 반갑게 달려 나오며 "엄마!"를 부른다. 마치 엄마를 다시 만나 손잡고 집으로 돌아가는 그 즐거움 하나 때문에 어린이집을 다녔다는 듯이.

하지만 만 네 살이 되어 자기 의사 표현도 똑 부러지게 할 수 있게 되고 어린이집을 삼 년 꽉 채워서 곧 유치원으로 옮길 시점이 되자, 윤서는 노골적으로 어린이집에 안 가겠다고 떼를 쓰기도 했다.

"나 학교 가기 싫어."

그렇게 단호하게 내 눈을 똑바로 쳐다보고 말하는데 나는 화가 나거나 다급해지기보다 가슴이 시리도록 그 마음이 이해가 갔다. 꽉 짜인 프로그램 속에서 다 같이 알파벳도 암기하고 노래도 불러야지, 같은 시간에 공원에 일제히 나가서 놀아야지, 졸리지도 않은데 눈 감고 낮잠 자는 척해야지. 그건 누구의 잘못도 아닌, 어쩔 수 없는 공동생활의 규칙이었다. 정해진 규칙에 맞춰야 하는 공동생활은 누구에게나 버거운 법. 나라도 힘들어했을 것 같다.

진지하고 슬픈 표정으로 골똘히 생각에 잠겨 있는 나를 보더니 윤서는 엄마가 화났다고 생각한 모양이다. 이내 내 목을 꼭 껴안으며 덧붙였다.

"난 엄마가 최고 좋아. 엄마랑 노는 게 제일 재미있다고. 하루 종일 엄마랑 같이 있고 싶어. 월화수목금토……"

싫다고 부정적으로 자기 주장을 하는 것보다 좋다며 긍정적으로 표현하는 것이 엄마를 덜 힘들게 할 거라고 생각했나 보다. 어떻게든 엄마를 힘들게 하고 싶지 않은 딸의 마음.

하지만 그렇게까지 신경 안 써줘도 나는 너의 그 마음 너무 이해해. 어린이집이나 유치원 가서 노는 것 말고 하는 게 뭐 있냐고들 하지만, 아무리 종일 논다고 해도 마음대로 노는 것과는 또 다르겠지. 어른들로 치면 원치 않는 사람들과도 부대껴야 하는 회사 생활과 똑같은 거 아니겠니. 나도 회사 다니기 싫어 프리랜서 하는데, 넌들 안 그렇겠니.

소풍과 도시락

윤서가 어린이집에서 갔던 생애 첫 봄 소풍날을 기억한다. 행선지는 올림픽공원. 소풍 공지가 있은 후로 괜히 엄마인 내가 싱숭생숭. 겨우 십육 개월 된 유아인지라 김밥을 어떻게 싸야 제대로 먹을 수 있을까 고민 고민한 끝에 다음 메뉴로 결정했다.

그래도 생애 첫 도시락인데 프렌치 레스토랑풍으로 나열하자면……

— 신선한 우유를 듬뿍 곁들인 목초란 스크램블드에그
— 들깨 향과 마늘 풍미가 가미된 채 썬 무나물
— 각종 계절 채소와 멸치를 넣은 김말이 미니 라이스롤

다시 말해, 계란 볶음, 무나물, 꼬마 김밥.

아무래도 아직 어금니가 부실해서 먹을 수 있는 메뉴에 한계가 있다 보니 이것이 최선이었다.

노란 손뜨개 모자를 쓰고 딸기 무늬 점퍼를 입고 첫 소풍을 향해 출발했다. 아무쪼록 푸른 자연 속에서 신나게 뛰어놀다 왔으면. 투명인간이라도 되어 따라가서 어떻게 노는지 지켜보고 싶은 걸 애써 참았다.

그날 이래 무수히 많은 소풍을 갔고 무수히 많은 김밥을 싸게 되었다. 처음엔 꼬마 김밥처럼 소시지와 오이만 넣다가 아이의 몸집이 커지면서 김밥의 몸집도 함께 커져 내용물들도 많아지기 시작했다. 아이는 어느덧 옆에서 계란이나 소시지, 오이 같은 김밥 식구들을 호명할 때마다 척척 전달하며 그 와중에 김밥 꽁지는 알아서 자기 입에 가져가는 쾌감을 자연스레 터득하게 되었다.

"맛있니?"

"응."

솔직히 김밥이 맛있어 봤자 얼마나 맛있으랴. 맛있으니까 기쁜 게 아니라 엄마가 손수 만들어주니까 기쁜 거지.

요새는 김밥 도시락을 엄마가 안 싸고 이른 아침에 문을 여는 동네 김밥 전문점에서 사서 보내는 집도 있다고 한다. 사정이 안 되는 엄마에겐 다행이라고 생각한다. 그러나 나는 학창 시절 엄마가 도시락을 부실하게 싸주는 것이 서럽고 부끄러웠고, 또래 친구들의 알록달록 예쁜 도시락을 보면서 자괴감을 느꼈던 경험 때문에 다른 건 몰라도 도시락만은 내가 직접 제대로 싸주고 싶었다. 소풍날마다 아침에 조금 더 일찍 일어나 각종 재료들을 준비하며 이 번거

로움을 감당하는 것은 내게는 자가 치유의 일종인 셈이다.

한편으로는 나처럼 트라우마 치유든, 엄마 코스프레의 로망이든, 아니면 엄마의 담담한 의무 수행이든 이러한 평범한 풍경이 없는 집을 상상하게 된다. 엄마가 없는 집, 할머니나 다른 분이 싸주는 집, 엄마가 있더라도 힘겹게 대충 싸주는 집. 나는 엄마가 국물 흘러나오는 칙칙한 색깔의 어른용 반찬을 싸주는 게 너무 싫어서 내가 직접 도시락을 싸서 다녔다곤 하지만, 내 앞자리 친구는 엄마가 안 계셔서 늘 샌드위치나 삼각김밥을 사서 등교했으니 나는 배부른 투정을 했던 것일까?

어디 비단 김밥뿐이랴. 학교나 유치원에서 행사가 있을 때마다 얼마나 챙겨야 할 준비물이 많은지 모른다. 보호자의 고의는 아니겠지만 준비물이 누락돼서 아이를 당황하게 하는 집, '아, 그거 빠트린 게 뭐 어쨌다구!'라며 오히려 야단을 맞아야 하는 집, 그 일 자체가 대수롭지 않은 일로 치부되어 아이가 더 상처를 입는 집. 나는 그런 슬픈 상황들을 김밥을 말면서 상상하게 된다. 심지어는 초등학교 시절 도시락을 못 싸 다녀서 늘 혼자 구석에 우두커니 있던 아이, 고등학교 때 전교에서 따돌림을 당해 늘 죄지은 사람마냥 혼자 아이들을 등지고 도시락 내용물 안 보이게 소리 없이 먹던 아이까지 머릿속에 어른거린다.

엄마의 심경이 쓸데없이 복잡한 와중에도 아이는 그저 좋다면서 점심에 어차피 또 먹을 김밥을 아침 끼니로 허겁지겁 맛있게 먹는

다. 핑크 보자기에 도시락통을 짱짱하게 싸매서 아이 가방 속에 집어넣을 때마다 최선을 다해 잘해내려고 하는 나 자신의 모습이 대견해서 우쭐하기도 하지만, 또 한편으로는 다른 누군가에게 상처가 될지도 모르니 그래선 안 될 것 같은 마음이 든다. 소풍날 엄마는 늘 이렇게 조금 감상적인 기분이 된다.

남의 남편들

　불야성은 더도 말고 덜도 말고 딱 산후조리원을 두고 하는 말이다. 방마다 불이 켜졌다 꺼졌다, 수시로 산모가 방을 들락날락, 아기 울음소리 빽빽 나고, 이십사 시간 분주하고 번잡하다. 덩달아 아기 아빠들도 밤만 되면 산모 시중드느라 좀비처럼 조리원 복도를 배회하곤 한다.
　조리원에서 보내는 거친 스파르타식 공동생활 중에서도 소소한 재미는 바로 이 '남의 남편 구경하기'다. 일단 부부가 얼마나 잘 어울리는지를 보는 것도 즐겁고, 아이 낳은 직후는 대부분 서로 가장 사랑하고 아끼는 시기라서 두 사람 사이의 공기가 흐뭇하게 하트 보양인 것도 보기 좋고, 아가가 누구 닮았나 관찰해보는 것도 재미있다.
　또한 조리원이라는 곳은 공과 사가 섞인 세계. 여자들은 타인 앞에서 내복에 양말 패션으로 다니는 것이 유일하게 허용되고 더불어 남편들의 패션도 정말 '앳홈'하시다. 집에서 입는 옷차림 그대로 늘어난 티셔츠에 추리닝, 까치집 머리를 하고 부스스 자다 깬 모습으로 나타나는 그들을, 나는 비듬 머리에 안경을 쓰고 내복 삐져나온 잠옷과 복대 차림으로 어두컴컴한 복도의 급수대 앞에서 어색하게 마주쳤다. 물론, 장소가 장소이니만큼 상황이 상황이니만큼 제아무리 신사 숙녀라 할지언정 서로 가볍게 인사를 하거나 재치 있는 농담을 주고받거나 전화번호를 슬그머니 건네거나……는 결코 하지 않는다. 다만 그들이 유리창 너머로 자기 아기를 한 번 더 물끄러미 바라보거나 뻐근한 듯 목 운동을 하는 걸 보면 마음이 조금 짠했다.

공항의 유아 휴게실에서도 나는 그들을 느꼈다. 인천공항에는 서너 개의 유아 휴게실이 있는데 웬만한 키즈 카페 못지않게 시설도 깔끔하니 잘해놓았다. 그곳은 아이를 낳기 전까지는 있는지 없는지도 전혀 의식할 수 없었던 공간이었다. 그러나 지금은 공항에서 가장 많은 시간을 보내는 곳이 되었다.

명품에도, 화장품에도 별 관심이 없는 나는 비행기를 타기 전에 다들 하는 면세점 쇼핑이 그리 즐거운 일이 아니다. 그 전에 차라리 조용히 여행에 대한 기대감을 품고 페이퍼백 소설이나 읽는 것이 좋다. 그리고 공항에서 의외로 가장 조용한 장소는 다름 아닌 유아 휴게실.

남편을 흡연실로 보내놓고 나는 아이를 이곳에 자유롭게 풀어놓는다. 아이는 신나서 미끄럼틀과 볼풀을 만끽한다. 사람은 많지 않다. 고작해야 한 팀에서 두 팀 정도. 주로 아빠와 아이. 한국인 아빠도 있고 외국인 아빠도 있다. 아마도 엄마들은 신나게 면세점에서 쇼핑하며 숨통 트이는 순간을 보내고 있을 터.

유아 휴게실에서 만나는 남의 남편들도 몹시 지쳐 보였다. 일단 그들은 평소 생활에서 벗어나 아내와 어린아이들과 함께 있다는 사실만으로도 지쳤을 것이다. 가족 여행이 그들에게는 과연 행복하고 즐거운 일일까? 아내 앞에서는 저것보다는 밝은 표정을 보일 테지만 내가 훔쳐본 그들의 표정에는 의무감으로 점철된 묵묵한 짜증이 느껴졌다. 아내가 없는 사이 아이에게 간간이 조심하라고 하거나 물을 먹이거나 화장실 뒤처리를 할 때도 목소리엔 묵직함이 스며 있었다.

남편은 모르지만 난 가끔 그들에게 말을 걸었던 적이 있다. 그쪽 공기가 너무 무거워 보여서. 공통의 화제 따윈 얼마든지 있다. 남의 남편은 대개 늘 친절하니 내가 말을 걸면 흔쾌하게 대화를 이어갔다. 아마도 기분 탓이겠지만 조금 전의 칙칙했던 얼굴이 환해지는 느낌이었다. 그들은 마치 자신이 대단히 육아에 동참하는 양 육아 대화에 애써보지만, 굳이 그렇게 좋은 아빠인 척 안 해도 딱 보면 안다.

난 다른 남자의 아내니까. 괜찮아. 다 모른 척 들어줄 수 있어.

하지만 이윽고 입구 유리문 쪽에서 소리가 나면, 누가 먼저랄 것도 없이 두 사람은 서로를 모른 척했다. 하지만 우리는 늘 남의 남자와 여자에겐 너그러우니 말 안 해도 다 이해했다.

이태원 프리덤

 십이 년째 옥수동에 살면서 다른 동네로 이사를 안 가는 이유 중 하나는 이태원이 가까워서다. "우리 집, 이태원이랑 가깝다?"라고 자랑하면 의아해하는 사람들도 있지만.

 이태원에는 군복을 입고 돌아다니는 주한 미군들부터 짝퉁 명품 가게 호객꾼들, 떼로 몰려다니는 시끄러운 중화권 여행객들, 래퍼 스타일의 덩치 큰 흑인 오빠들까지 다양한 외형과 직업, 삶의 목적을 가진 사람들이 뒤섞여 있다. 그리고 나는 그 섞임이 그렇게 편안할 수가 없다. 여기서는 어떤 규칙을 권장하는 전형성이 없고 누구나가 개별적인 존재이고 우리 모두가 근본적으로는 '잡것'이며, 고로 아무도 당신이 누군지 신경을 안 쓰는 것이 당연시된다.

 이태원에서도 그 분위기를 가장 몸으로 느낄 수 있는 곳은 맥도날드다. 해밀턴 호텔 뒤의 여러 이국적인 식당들, 큰길의 아메리칸 혹은 프렌치, 이탈리안 스타일의 브런치 레스토랑이나 브라세리, 트라토리아 들이 즐비하지만 그럼에도 맥도날드 없는 이태원은 상상할 수가 없다. 나는 미혼 시절에도, 아이가 없던 시절에도 울적하고 기운이 떨어질 때마다 맥도날드에 혼자 가서 빅맥 세트를 상추 있는 쪽과 치즈 있는 쪽으로 반반 쪼개 먹곤 했다. 건강하지 못한 음식이라고 누구는 손가락질할지 몰라도 나는 빅맥을 먹고 나면 적어도 정신은 건강해져서 나왔다.

이젠 내게 동행이 생겼다.

"파란 버스 타자!"

그것은 이태원에 가자는 우리만의 신호다. 주로 아빠가 월요일 자 신문을 만들러 출근하는 일요일 낮에 나는 딸아이로부터 데이트 신청을 받는다.

이태원행 파란 버스는 어쩜 이리도 신날까. 아이는 버스 창을 한껏 열어 기분 좋은 듯 바깥바람에 얼굴을 들이밀고 실눈으로 눈부신 세상을 구경한다. 그사이 버스 안에는 왠지 개성적이고 흥미로워 보이는 사람들이 하나둘 불어나기 시작하고 이태원에 가까워질수록 우리는 경박해지고 자유로워진다.

이태원 맥도날드에 멍하니 앉아 있으면 '세상엔 참으로 다양한 종류의 사람들과 삶의 방식이 있구나'라는, 이질감에서 비롯한 묘한 안도감이 있다. 피부색이 희거나 노란 사람부터 갈색이거나 검은 사람까지, 나이 대도 요람의 갓난아기부터 지팡이를 든 노인까지, 아이비리그 후드 티를 입은 엘리트들부터 걸인까지 자유로이 드나든다. 때로는 버거를 먹으면서 끊임없이 벽을 보고 혼잣말하거나 불안에 떨며 쉴 새 없이 주변을 두리번거리는 등 정신세계가 심란해 보이는 사람들도 있다. 대체 이런 사람들은 다 어디에 숨어 있다가 기어 나온 걸까 싶어 매번 갈 때마다 아연실색하지만, 그 모든 차이에도 불구하고 거기에는 자신의 본래 소속을 잊고 무심하게 감자튀김을 케첩에 듬뿍 찍어 먹는 사람들의 행복한 모습이 있다.

무더운 여름날 저녁이면 윤서와 나는 아빠에게 데이트 신청을 한다.

"우리, 이태원에 놀러 갈까?"

먼저 우리는 아빠가 좋아하는 헌책방 'What the Book?'이나 '아름다운 가게'에서 보물찾기를 한 후, 윤서의 손을 양쪽에서 잡고 대로변을 산책한다.

"야, 우리가 좀 이상한 거냐? 이 시간 되니까 애들이 하나도 안 보이네. 이 나이 또래는 우리 딸밖에 없네."

남편이 미간을 찌푸리며 말한다.

"그건 그렇네. 우리가 좀 이상하긴…… 이상하지."

물론 다음 날 등교나 등원을 준비하기 위해서는 해가 지면 일찍 재우는 것이 권장된다는 것쯤은 안다. 하지만 세상에는 밝음과 어둠, 낮과 밤이 있다는 것을 하늘 바로 아래서 느끼는 감촉도 소중하다고 보는데. 어둠과 밤은 원래 무섭거나 나쁜 것이 아니었는데.

산책의 종착지인 이태원 맥도날드에 와서 아이스크림콘을 다 먹을 때쯤이면 어느덧 해는 완전히 지고, 또 한 번 조금 더 지칠 때까지 걷다가 다시 정형화된 우리 동네로 돌아온다. 한결 자유로워진 마음으로.

우리 둘이서

일 년에 한두 번, 아빠가 장기간 해외 출장을 가면 윤서와 나는 오랜 시간을 단둘이서 지낸다. 싱글 맘의 생활은 적적하면서도 편안하다. 국 없이는 밥을 못 먹는 아빠가 없으니 국을 안 끓여도 된다. 그놈의 국, 국, 국! 우리는 샐러드 재료를 거실로 가지고 나와 도마 위에서 토마토와 파프리카, 오이를 썰고 볼에다 양상추를 찢는다. 여름이면 풋콩을 까서 삶아 먹고 나란히 서서 설거지도 하고, 함께 디즈니 공주 영화도 고르고 갓등 하나만 켜놓고 조용히 장맛비 소리 들으며 저녁 시간을 보낼 수 있다.

윤서는 첫 며칠은 아빠의 부재에 대해 궁금해하지만 그 이후로는 아빠를 거의 안 찾는다.

"아빠 안 보고 싶어?"

"응. 괜찮아."

하지만 그러다가도 언제 그랬냐는 듯이 아빠를 몹시 애타게 그리워한다. 매일 밤 잘 시간만 되면 "왜 아빠는 안 와? 나 아빠 옆에서 잘래"라며 울먹거린다. 나는 그 이야기를 국제전화로 남편에게 생생하게 전달하며, "딸이 아빠 끔찍하게 챙겨서 좋겠네"라고 놀려준다. 수화기 너머로 함박웃음을 짓고 있을 그는 괜히 더 퉁명스럽게 대꾸한다.

"그래봤자 지금뿐이지. 십 년만 지나봐라. 아빠 늙었어, 냄새나, 저리 가, 창피하니까 학교에도 오지 마, 용돈이나 내놔, 아빠가 나한테 해준 게 뭐가 있어. 이럴 거 아냐."

응, 아마도 그러겠지. 그건 그때 고민하기로 하고. 어쨌든 지금은 아빠가 장기간 집에 없으면 반드시 그사이 한 번은 상사병처럼 심하게 열감기를 앓는 '아빠딸'이다. 본능적으로 아빠의 부재를 느끼는 걸까?

아빠가 없을 때 우리 모녀에게 위안이 되는 것은 (피 안 섞인) 삼촌들의 존재다. 중요한 것은 아이에게 아빠의 피치 못할 부재를 대신할 남자 어른들이 주변에 있느냐는 사실이다. 운이 좋게도 윤서에게는 목마를 태워주고 몸을 공중회전시켜주는 '대갈장군' 성훈이 삼촌이 있고, 피터 래빗과 레고를 사랑하는 멋쟁이 주형이 삼촌이 있고, 전문가 솜씨로 사진을 찍어주는 찬훈이 삼촌이 있고, 손마술에 능통하고 아이패드로 그림을 가르쳐주는 다정한 재현이 삼촌이 있다. 솔직히 다들 엄마랑 친해서 딸과도 잘 놀아주는 셈인데

(아닌가?) 딸아이는 그 누구보다도 자신이 사랑받고 있음을 믿어 의심치 않는 듯하다.

한번은 엘리베이터에 풋풋한 남자 대학생이 같이 탔는데 청년이 윤서를 발견하고 "안녕?" 하며 싱긋 웃었다. 윤서는 여느 때처럼 심드렁 딴 데를 쳐다보는 척 슬금슬금 곁눈질하며 그를 '간' 보고 있었다. 청년이 먼저 엘리베이터에서 내리면서 또다시 달콤한 미소를 지으며 "잘 가~" 하고 작별 인사를 했는데 윤서는 이번에도 흘깃 쳐다보더니 흥 하는 표정을 지었다. 그러고는 엘리베이터 문이 닫히자마자 눈썹을 추켜올리며 내게 말했다.

"나 좋아하나 봐."

아, 저 착각할 줄 아는 능력 혹은 자뻑력. 저것은 바로 내 DNA.

그래, 어쨌든 좋다. 남자든, 여자든, 나는 사람에게 호기심을 보이며 상대가 마음에 들면 거침없이 행동하고 반응할 줄 아는 아이의 모습을 바란다. 그것이 튕기는 것이든, 들이대는 것이든, 툭 치고 달아나는 것이든, 다 좋다. 상대가 나를 좋아하는 걸 알아차리고, 상대에게 어떤 형식으로든 좋아한다는 것을 나답게 표현할 수만 있다면.

엄마와 아이라는 일대일의 닫힌 세계를 벗어나 피가 안 섞인 어른들과의 관계 속에서도 얼마나 많은 따뜻함과 신뢰를 배워나갈 수 있을까? 커가는 여정에서 멋지고 마음씨 착한 어른들을 어떤 형태로든 많이 접했으면 하는 바람이다. 나는 부디 내 아이가 '가족주의적'이지 않은 사람이었으면 한다. 우리가 자기의 엄마 아빠가 아니더라도 어른 여자, 어른 남자로서 봤을 때도 좋아할 만한 괜찮은 인간으로 인정받을 수 있도록 우리 역시 노력할 것이고.

"오늘은 누구 삼촌 만나?"

유치원을 다녀온 후, 저녁 먹으러 나가자고 하면 딸아이는 으레 저렇게 묻는다. 자신이 유달리 보고 싶은 삼촌이 있는 모양이다. 엄마는 귀찮아서 집 앞 마실 가는 옷차림 그대로 나가려고 하는데 딸아이는 마치 데이트를 나가는 아가씨처럼 설레하며 신중하게 원피스를 고른다. 빨리 나가자고 성화를 해도 입을 옷이 없다며 구시렁대는 모습이 어처구니가 없다. 이제 고작 여섯 살인데 벌써 여자니!

그렇다 하더라도 아빠는 조금 특별하다. 삼촌들과 아빠가 다른 점은 내 남자냐 아니냐의 차이 같은 것이다. 윤서는 삼촌들에게 놀자고 '유혹'을 한다. 처음 만나면 싱긋 살인 미소를 짓다가 이내 언제 그랬냐는 듯 딴청을 피운다. 슬그머니 다가가서 삼촌의 몸을 만지고 다시 내게로 도망쳐 온다. 신나게 엉켜서 깔깔대고 웃고 떠들고 놀다가도 삼촌이 조금이라도 피곤한 기색이 보이면 낌새를 딱 알아채고 다시 내게로 돌아온다. 행여나 삼촌이 자신한테 질릴까, 자신을 귀찮아할까 신경 쓰인다는 듯이. 이 아이는 나를 방패막이 본부로 두고, 지금 밀고 당기기를 하는 것인가!

아빠는 다르다. 아빠에게는 놀자고 당당히 '요구'한다. 아빠의 컨디션이 어떻든 눈치 보는 일 없이 자신 있게 놀자고 엄포한다. 이 평게 저 핑계로 아빠가 내빼면 레슬링 선수처럼 등짝에 붙어 팔뚝을 물어뜯는 시늉을 한다. 밀고 당기기의 의미가 없어진다. 이토록 만만하다는 것은 사랑받을 것을 확신하고 있다는 뜻이다. 이러니저러니 해도 딸은 아빠가 너무너무 좋은 것이다.

'내 남자'라는 밑도 끝도 없는 확신을 바탕으로 여러 남자들의 관심과 사랑을 받아내는 게 그토록 좋니? 그런데 말하다 보니 내가 찔린다.

네가 무리하는 건 싫어

딸아이가 다섯 살이었을 때 어린이집 같은 반에 싫어하는 여자애가 있었다. 처음엔 어린아이들이 설마 뭘…… 하고 무시하고 지나갔는데 윤서는 진지했다. 그냥 안 맞는 거였다. 보아하니 윤서가 내키는 대로 행동하길 좋아하고 혼자만의 공간을 필요로 하는 '마이 페이스' 스타일이라면 그 아이는 나서길 좋아하는 활달한 골목대장 스타일이었다. 어리다 하더라도 아이들에게도 개성이 있고 호불호가 있었다.

나는 억지로 사이좋게 지내야 한다고 가르치진 못했다. 시도도 안 해보고 거부하는 것은 구슬릴 필요가 있지만 익히 경험하고 나서 안 맞는다 싶은 것은 어쩔 도리가 없다. 어른이 되면 어차피 싫어도 잘 맞는 척해야 될 때가 허다한데 미리부터 위선을 연습할 필요는 없지 않을까. 인간관계에선 애써 노력하지 않는 게 늘 최선이라 생각해왔다. 억지로 노력하는 순간 무리하게 되고 스트레스가 생기고, 그렇게 되면 타인과의 인간관계 이전에 나 자신과의 관계가 어그러지기 시작하니까. 그런 인간관계는 우리에게 그 무엇도 줄 수 없다.

다만 '싫은 건 싫다' 할 때의 기본 원칙은 있다고 알려주었다.

첫째, 싫다고 해서 상대를 물리적으로 못살게 굴어서는 안 된다.

둘째, 상대도 나를 싫어할 수 있음을 받아들일 수 있어야 한다.

마지막으로 셋째, 어느 우연한 기회에 사이가 좋아질 수 있는 미래의 가능성은 늘 열어놔야 한다. 그리고 그때만큼은 내가 먼저 웃으며 손을 뻗을 수 있는 용기를 가져야만 한다.

좋은 게 좋은 것이라면서 애써 미소 지으며 '우리 다 같이 사이좋게 지내야지'라고 딸을 타이르지 못하는 것은 아마도 힘겨운 인간관계나 무리한 우정을 수년간 억지로 유지하다, 상처 어린 분노만 남아 나중에 터져버리는 사람들을 너무 많이 봐서일지도 모르겠다. 주변 사람들에게 만족을 주려고 무리해서 힘든 관계를 유지하려는 습성은 조화로움에 대한 강박에서 비롯한다는 생각을 지울 수가 없다.

또한 딸아이는 사람들 앞에 나가서 노래나 춤으로 재롱 피우는 법을 모른다. 어린이집이나 유치원에서 분명 노래나 춤을 배우긴 했겠지만 부모가 그걸 시켜본 적이 없기 때문이다. 놀이동산의 돌고래 쇼가 싫은 만큼 아이보고 앞에 나가서 뭐 하라고 시키는 것이

마뜩잖다. 천생 음치인 내가 어린 시절 외국에서, 그 나라에 몇 없는 교민들끼리 다 모이면 꼭 어른들 앞에 나가서 노래나 장기 자랑을 해야 했다. 대학 때 아직 노래방이 없었던 그 시절에 선배들은 후배들, 특히 여자 후배들에게 술자리에서 노래를 한 곡씩 시켰다. 왜 나의 고통을 밟고 그들이 즐거워야 하지?

뽀뽀 같은 애정 표현을 강요하는 것도 싫었다. 자기 몸의 결정권을 아이 스스로 가져야 자기 몸을 존중할 수 있는데 아이에게 스킨십을 강요하는 건 부모로서 불쾌했다. 무엇보다 딸아이가 마음에도 없는 키스를 하는 여자로 크는 것은 바라지 않는다.

처음 보는 어른이 아이에게 "어서 인사해야지"라며 어른에 대한 예절을 몸소 강요하는 것도 좋아 보이진 않는다. 얘가 당신을 언제 알았다고. 나이 먹은 게 자연스레 벼슬이 되거나 반말을 할 권리를 준다고 생각하지 않는다. 의무적으로 어른을 공경하는 것이 무슨 의미가 있을까. 아이가 자기한테 제대로 고개를 숙이지 않는다고 엄마인 나를 힐끗 노려보는 것이 마치 집안에서 밥상머리 교육, 예절 교육은 어떻게 시켰느냐는 눈초리다.

더 몹쓸 짓은 "이거 줄 테니까 어서 인사해봐"라며 미끼를 던지는 것. 남들 앞에서 하기 싫은 것을 억지로 시키면서, 굴복시키기 위해 값싼 미끼를 던지다니. 그런 어른들은 나부터가 어른 취급 안 하고 싶다. 인간 됨됨이는 나이순이 아니다. 어른은 어린이 위에 서 있는, 더 낫고 높은 존재가 아니다. 존경심은 자연스럽고 자발적으로 이루어진 친밀감 이후에 비로소 오는 것이다.

우리 아파트에 사는 두 어르신만 봐도 그렇다. 어르신 A는 내 어린 딸을 볼 때마다 파안대소하며 쓰다듬으려 한다. 반면 어르신 B는 내 딸을 보는 둥 마는 둥 그 흔한 립서비스 한마디 없다. 어르신 A는 아침에 엘리베이터에서 만나면 빈 소주병들을 옆구리에 끼고 있다. 얼굴도 벌겋고 술 냄새도 난다. 하지만 어르신 B는 손에 삽과 물통을 들고 있다. 누가 시키지도 않았는데 삭막한 아파트의 빈터를 꽃 정원으로 탈바꿈시키는 중이다.

나는 내 자식 예쁘다 해주는 어르신보다 내 자식이 보며 기뻐할 수 있는 예쁜 꽃을 심어주는 어르신이 좋고 고맙다. 예쁘다고 칭찬하면서 아이의 공손한 인사를 강요하는 것은 더더욱 반갑지 않다. 어르신 B는 자신이 인사받는 것보다 오히려 당신이 산책시키는 강아지와 아이가 즐겁게 교류하는 모습을 구경하기를 좋아한다.

어르신을 공경해야 한다는 강박과 죄의식에 사로잡혀 사는 대신 어르신과 진심으로 친해지고 싶다는 생각을 한다. 인간적으로 친해지고 싶은 어르신이 있다는 게 얼마나 삶을 윤택하게 하는지, 별로 친하고 싶지 않은 어르신과 억지로 친한 척해야 하는 고통은 또 얼마나 큰지.

앞으로 딸아이는 또래 친구들이나 주변에 사는 어르신들 외에도 정말 다양한 인간관계를 겪으면서 그 안에서 많은 기쁨과 갈등을 경험하며 배우고 느끼고 성장해나갈 것이다.

무엇보다도 아이가 무리해서 스스로를 눌러가면서까지 상대에게 인정받으려고 애쓰지 않았으면 한다. 남편 말을 그대로 인용하자면, "여자는 좀 못될 필요가 있다".

크리스마스이브 대작전

산타 할아버지, 윤서 잘 때 윤서 뽀뽀해주세요
산타 할아버지, 아모고나 조도 돼요

아이는 간절한 마음으로 크리스마스이브 저녁에 산타 할아버지에게 편지를 쓰기 시작했다. 흐뭇하게 지켜볼 수만 있었으면 좋았을 텐데, 미리 숨겨놓은 크리스마스 선물을 아이가 보고 말았다. 전날 리본과 핀, 머리 방울을 가득 채운, 아직 포장도 못한 꾸러미를 작업방 한구석에서 발견한 것이다. 미리 도착한 산타 할아버지 선물이라고 둘러댈 수도 없었다. 그래서 엄마 아빠가 주는 크리스마스 선불이라고 말했더니, 아이는 산타 할아버지라는 또 다른 주머니가 불현듯 떠올랐나 보다.

여섯 살이 채 안 되었기에 선물에 대한 구체적인 욕망이 없을 줄 알았는데 저렇게 붓글씨 쓰듯 간절하게 산타 할아버지를 영접하는 편지를 혼자 거실 바닥에 누워 쓰고 있다니. 시간은 밤 아홉 시를 향해 가고, 나는 안절부절못했다. 산타의 선물이라고 둘러대기에는 집에 애매한 물건밖에 없었고, 다음 날 아침 머리맡에 아무것도 없으면 실망할 아이를 생각하니 내가 다 울적한 기분이 들었다. 그렇게 열한 시가 될 때까지 불안한 마음에 잠들 수가 없었다. 남편은 아이와 함께 이미 깊은 잠에 빠져든 후.

외로운 마음에 트위터에 접속하니 두 남자 친구가 아직 잠이 안 든 모양이었다. 선배 아빠인 두 친구에게 상의를 하니 "그래? 그렇다면 지금이라도 어서 사 와!"라며 등을 떠밀었다. 나는 그 응원에 힘입어 이불을 박차고 벌떡 일어나 옷을 갈아입고 집을 나왔다. 며칠간의 폭설로 함박눈이 쌓일 만큼 쌓인 데다 어른어른 달빛이 비추니 고요한 은빛 세상이었다. 입에서 하얀 김이 나왔다. 택시는 어둠 속 겨울을 달렸다.

크리스마스 조명을 걸친 대형 마트는 자정을 넘긴 그 시간, 마치 헨젤과 그레텔의 쿠키 집처럼 현실감이 없었다. 마트 안에 혼자 서성이는 사람은 나뿐이었다. 사람들은 크리스마스이브 날 맨 얼굴에 후드티 눌러쓰고 혼자 온 저 작자는 뭘까 싶은 눈길로 불쌍하다는 듯 나를 힐끔거렸다. 아랑곳하지 않고 나는 여자아이들 장난감 코너로 향했다. 아이들의 재잘거리는 소리가 전혀 안 들리는 비현실적인 장난감 코너, 그중에서도 여자아이들을 위한 핑크빛 '공주' 코

너는 더욱 꿈속의 한 장면에 빠져 있는 듯한 몽환적인 질감이 있었다. 가장 비실용적이고 큼지막한 공주 액세서리 놀이 세트를 두 개 집어 계산대로 향했다. 그리고 제한된 시간 내에 첩보 작전을 치밀하게 이행하듯 삼십 분도 안 돼서 다시 냉큼 내 집, 내 이불 안으로 들어와 있었다. 하지만 이상한 나라의 앨리스 같은 비현실감이 여전히 나를 휘감고 있어서 도저히 잠이 들 수가 없었다.

슬그머니 나와서 산타 놀이를 시작했다. 일단 작업방으로 기어들어가 노트북을 열었다.

귀여운 윤서에게

윤서야, 나는 산타 할아버지야.

윤서가 착한 아이라서, 편지도 할아버지한테 많이 써줘서 선물을 주러 왔어. 윤서는 아무거나 줘도 된다고 했지만 산타 할아버지는 윤서가 너무 사랑스러워서 선물을 두 개나 골랐단다. 마음에 들었으면 좋겠어.

산타 할아버지는 다른 친구들 선물 주러 가야 해서 이만.

호-호-호.

산타 할아버지가

써놓고 보니 뭔가 상당히 수줍은 산타 할아버지의 모습이었다. 어쨌든 종이로 출력해서 방금 사 온 요란한 선물 옆에 아이의 편지와 함께 나란히 놓아두었다. 아침에 일어나자마자 아이가 자신이 한 일이 어떤 결과를 가져왔는지 알아차릴 수 있도록.

다음 날 아이가 까치집 머리를 하고 벌떡 일어나자마자 나를 깨우며 외마디 소리를 질렀다.

"산타 할아버지!"

나는 뿌듯하게 아이 눈을 가만히 응시하며 확신에 찬 듯 고개를 끄덕였다.

"그래, 우리 한번 나가볼까?"

아이의 손을 잡고 문을 열고 거실로 나갔다. 윤서는 크리스마스 트리 앞에 보이는 것이 믿기지 않는다는 듯이 눈이 휘둥그레졌다.

"산타 할아버지! 할아버지가 이거 놓고 갔어!"

그토록 환희에 찬 표정은 난생처음 봤다. 아무렴, 꿈이 이루어졌는데.

반짝거리는 핑크색 장난감에 매료되어 선물 상자부터 북북 뜯어달라고 성화할 줄 알았는데 아이는 그것들은 제쳐두고 큰 글씨로 타이핑된 산타 할아버지의 편지부터 차근차근 떠듬떠듬 읽기 시작했다.

"호-호-호."

두 번을 그렇게 반복해서 마지막까지 빠짐없이 읽고 나서야 비로소 흡족했는지 그제야 선물을 꺼내보겠다고, 도와달라고 내게 시선을 돌렸다.

나야말로 고마워. 나도 덕분에 그 이상의 크리스마스 선물을 받았어.

산타 할아버지도 이렇게 스스로에게 크리스마스 선물을 주는 거였구나. 꽤 괜찮은 직업이다.

아이와 함께 여행하기

다섯 살 미만의 아이와 함께 여행을 가려는 분들에게 꼭 해주고 싶은 이야기가 있다.
"아서라. 그거 엄청 피곤한 일이다. 웬만하면 가지 마라. 꼼짝 말고 집에서 그냥 데리고 놀아라."
이 이야기는 내가 두 돌이 안 된 윤서를 데리고 해외여행을 간다고 하자 어린이집 원장님이 해준 귀한 말씀이다. 아무렴 흥을 깨려고 그런 것도 아니고, 부러워서도 아니고, 전염병 옮아 올까 봐도 아니고, 그저 엄마인 나를 위해 진심에서 우러나온 말임을 여행을 다녀와서 알게 되었다.
아이와의 여행은 후회할 걸 알면서도 감행하는 무모한 모험이다. 얼마나 많은 신경과 체력을 소모하는 일인지 모른다.
일단 여행 계획부터.

나는 원체 조금 강박적인 구석이 있긴 하다. 가뜩이나 원래 취미가 호텔이나 B&B, 료칸 등의 숙소 검색. 효율을 중시하고 손해 보는 거 못 참는 나는 숙소 선택의 기준이 엄격하다. 그 숙소는 반드시 이래야 한다.

① 개성이나 정취가 있어야 하며
② 가격 대비 시설이 좋아야 하며
③ 한국인에게 많이 알려진 곳이 아니어야 하고
④ 홈페이지 디자인과 카피부터 호감이 가야 한다.

일본 료칸의 경우, 좀 부끄럽지만 최종 후보지 몇 곳이 추려지면 전화를 걸어서 직원이 응대할 때 느낌이 어떤지 살핀다. 그 느낌은 꽤 많은 것을 알려준다.(누가 나 좀 말려줘!)

더구나 사흘 이상 체재하는 경우, 지루함을 탈피한답시고 숙소를 최소한 한 번은 옮겨 다녔는데 나중엔 이 짓이 얼마나 촌스럽고 피곤한지를 깨닫기도 했다.

그런데 아이가 생기니 여기에 새로운 조건들이 추가되었다.

⑤ 분위기상 아이를 거부하지 않는 숙소여야 하고
⑥ 방이 너무 작거나 잠자리가 불편해서는 안 되고
⑦ 이동 거리가 짧아서 편해야 하고, 물론 공항과도 가까워야 하며
⑧ 숙소 규모가 어느 정도 커야 한다.

또한 방에만 있기 답답할 때 아이를 안전하게 방목할 수 있는 호텔 내 산책로나 정원 혹은 널찍한 로비가 있어야 좋다. 이것은 아이

데리고 많이 못 돌아다니는 엄마 아빠에게 최소한 인간 구경할 기회라도 주니까. 같은 맥락에서 아이를 데리고 독채인 풀빌라 같은 데는 왜 가는지 잘 모르겠다. 허니문이라면 모를까 집에서도 식구끼리만 지내느라 답답한데 여행 가서도 그럴 거면 집에서 큰 대야에 물 받아놓고 노는 거랑 뭐가 다를까!

가뜩이나 가난뱅이 근성이 있어서 어떻게든 짱짱하게 아주 '뽕'을 뽑는 것을 원칙으로 하는 터라 여행 한참 전부터 인터넷 광클질로 여행 가기도 전에 진을 빼던 나에게 프로젝트의 난이도가 몇 단계 높아진 것이다.

아이를 데리고 여행을 다니다가 오후 세 시쯤 되면 체력이 고갈되는 걸 느끼는데, 그럴 땐 시중에서 제일 가볍다는 휴대용 유모차조차도 당장 어디 갖다 던져버리고 싶었다. 남편이 담배 한 대 피우고 오겠다며 잠시 나간 사이 아내는 슬그머니 피로회복제를 들이켰다. 분명히 처음엔 피로를 풀러 나온 여행이었는데!

그때쯤 누가 먼저랄 것도 없이 번갈아가면서 자유 시간을 갖자고 합의한다. 하지만 호텔 방에서 혼자 아이와 몇 시간 놀아줄 때도 그렇고, 혼자서 여행지를 돌아다닐 때도 그렇고, 이렇게 따로 놀 거면 왜 이 먼 곳까지 와서 돈 써가며 이래야 하는지 머릿속이 복잡했다. 미야자키 여행에선 아이가 갑자기 열이 나서 병간호하다가 시간을 허비하기도 했고, 푸켓 여행 때는 여행 기간 중 절반 이상 비가 내려 바닷가나 수영장에 못 나가고 리조트 내의 좁아터진 유아 놀이

방에서 하루의 대부분을 보내야 했던 적도 있었다. 이럴 거면 서울에서 어린이집 보내지!

완벽한 준비를 거치고도 아이와의 여행이 내 마음대로 안 될 때마다, 다시 얘기하지만 손해 보기 싫어하고 강박적인 성격의 나로서는 왜 이 피곤한 짓을 사서 할까, 라는 본질적인 질문에 봉착하지 않을 수 없었다. 여기에 이어지는 고질적인 본전 타령. 이 돈으로 한국에서 가사 도우미를 쓰면 대체 몇 달 동안 내가 편하게 밥 안 하고 애 안 보면서 글만 써도 되는 거야? 머릿속에서 계산기가 자동으로 돌아갔다.

신경은 신경대로 써, 돈은 돈대로 써, 몸은 몸대로 고달파. 다녀와서도 며칠 동안은 컨디션 난조, 심지어 아이도 피곤하다고 어린이집을 쉬려고 하고. 게다가 따지고 들자면 원래 여행은 기분 전환이 목적인데. 기분 전환이 뭔가? 바로 일상의 나에서 벗어나는 일이다. 한데 일상에서 떼려야 뗄 수 없는 존재인 아이가 내내 함께이다 보면 아무리 배경화면이 바뀌어도 엄마인 나는 그대로, 바뀔 일이 없다.

그래도 매년 망각하고 여행을 또 가는 이유는 아이러니컬하게도 그토록 괴로운, 아이와 종일 함께 있기 위해서다. 분명 자학적인 일임에도, 일상에서 이렇게 지속적으로 긴 시간 동안 서로에게 집중한 적이 있었을까 싶을 만큼 아주 가끔 흐뭇하고 가슴 벅찬 순간들이 있다. 생각지도 못한 빛나는 순간이 고됨과 피로를 보상해주는 것이다.

몇 날 며칠을 한 순간도 빠짐없이 같이 지내다 보면 그간 못 보던 아이의 모습이 선명하게 보인다. 아이가 낯설고 새로운 환경을 유연하게 탐험하고 그에 대처하는 모습. 자아를 가진 작은 사람으로서 자신이 무엇을 원하는지, 무엇을 하고 싶은지, 지금 어떤 기분인지 자유롭게 표현하려는 모습. 이렇게 엄마 기운을 쫙 빼놓는데도 어쩌면 그토록 존재감이 넘칠까. 피가 마르고 파김치가 되어가는 와중에도 아이에겐 아이 나름의 삶과 생각들이 있구나. 라는 확실한 감촉이 느껴지니 내가 이 여자아이를 얼마나 사랑하고 있는지가 더 잘 보인다.

남편도 가족 여행에 나서면 조금 비장해지고 감상적인 기분에 젖는다.

"윤서야. 세상천지에 달랑 엄마랑 아빠랑 윤서, 이렇게 셋밖에 없는 거야. 그러니까 우리 가족은 똘똘 뭉쳐서 열심히 잘 살아야 해. 알았지?"

가장으로서 다짐을 하면서 감정에 겨워하는 아빠에게 건조한 시선만 날리는 아이 옆에서 나는 머리를 긁적이며 아이의 마음을 대신 통역해준다.

"우리 그냥 헐렁하게 대충 살면 안 됨?"

남편은 피식, 쓴웃음을 짓는다.

그렇게 말해놓고서 그는 귀국 후 곧잘 딴소리다.

"윤서야, 여행 다녀와서 유치원에 다시 가니까 좋아?"

여행 내내 붙어 있다가 겨우 하루 떨어져 지내다 만나니 더 반가웠는지 그는 가방도 안 내려놓고 현관문에서 딸아이부터 부둥켜안으며 묻는다. 나는 옆에서 뭘 그런 걸 애한테 물어보느냐고 핀잔을 주었다. 그렇게 묻는 당신은 회사 다시 나가는 게 그리도 좋았느냐고. 그랬더니 그가 '천진난감'하게 복수하듯 대답했다.

"난 회사 다시 나가니까 정말…… 좋던데?"

친구 사귀는 건 참 어려운 일이야

아이가 나와 닮은 점을 보면 흐뭇하지만 이것만큼은 닮지 않았으면 하고 바라는 것이 있다.

피플 플리저People-Pleaser
: 나보다 남을 기쁘게 해주기 위해 무리하며 노력하는 성향

성인이 되어 스스로에 대해 알게 된 가장 큰 발견은 내가 여태껏 상당한 피플 플리저로 살아왔다는 점이다. 어렸을 적부터 전학을 하도 많이 다녀서 새로운 환경에 빨리 받아들여지고자 애썼던 습관이 남아서 그랬을까? 아니면 아무리 뭘 잘해도 시원하게 칭찬 한 번 안 해준 부모님 탓이었을까? 결과적으로 학교 다닐 땐 선생님들께 딸랑딸랑 종을 울렸고 회사에서는 흡족해하는 상사의 표정을

보기 위해 신체 일부의 마비 증세를 무시했다. 가만 보자, 연애할 때도 간 쓸개 다 빼주고, 분위기 업 되면 빳빳한 현금도 빼줬던 것 같다.

그렇게 착하고 친절했던 이유는 내 오른쪽 어깨에 천사가 앉아 있어서가 아니라 오로지 그 대가로 사랑받고 감사받기 위해서였다. 내 행동은 의무감이나 죄책감에서 비롯한 친절함이었으니 상대의 욕구에 진정한 관심은 없었던 것 같다. 그러니 기대했던 만큼 돌아오지 않으면 상처 받았다. 가슴속 깊이 분노를 차곡차곡 쌓다 보면 삐져나오기도 했다. 화내는 것은 '옳지 못한 일'이니 입 다물고 토라질밖에.

'내가 이유 없이 삐친 것 같으니 너도 괴롭지? 그러니까 눈치껏 좀 알아서 내가 원하는 걸 해줘! 민망하게 꼭 내 입으로 말해야 되겠니?'

다행히 상대가 눈치채고 내가 원했던 것을 주었다 해도 여전히 섭섭함을 느꼈다.

'내가 이렇게까지 해줬는데 겨우 돌아오는 게 이거니?'

나 자신을 포기하면서까지 베풀어서 남은 것은 더 공허해진 마음과 더 커진 수치심뿐이었고, 다음에는 그러지 말아야지 하면서 오히려 더 큰 투자를 강행해버리고 '이 정도 해주면 충분하겠지?'라며 상대에게 호의를 가장한 부담만 줬다.

속으로는 분노를 느끼면서도 겉으론 친절히 행동하는 모순을 발견하고, 난 양자택일을 해야만 했다. 내 욕구를 포기시킨 스스로에게 화를 낼까, 아니면 내 욕구를 우선시한 대가로 상대에게 상처를 줄까?

내가 상대에게 화를 내기보다 상대가 나에게 화내는, 즉 나 자신과 문제를 일으키느니 차라리 상대와 문제를 일으키는 쪽을 선택하기까지는 참 오랜 세월이 걸렸다. 이 사고방식의 변화는 나라는 사람에겐 상상을 초월할 정도로 힘들었다. 통제력이 강한 채로 성장해서 자신에게 어떤 일을 강요하는 것은 누워서 식은 죽 먹기였으니까. 남과 껄끄러워질 수 있는 상황을 내 능력(나를 희생시키는 능력)으로 해결하기가 이 세상에 제일 쉬웠으니까. 그런데 진정으로 의미 있는 인간관계를 위해서는 그 누구보다도 내가 제일 행복해야 하는 사람이었다.

나는 아이들의 순수함을 믿지 않는다. 아이들의 잔인함은 순수한 만큼 더 예리하고, 그에 따른 상처도 선명하다.

학창 시절, 정해진 친구들과 모든 것을 함께해야 한다는 불문율은 너무 폭력적이라고 생각했다. 다른 친구들과 친해지려고 하면 그것은 배신 행위고, 내가 하기 싫은 것도 친구라면 다 같이 해줘야 하는 강제성이 의리이자 우정이라고 미화되었던 그 시절. 하지만 사춘기 때 친구가 없다는 것은 고통스러운 일이다. 무리 속에서 혼자 버텨낼 정신적 기반도 약했으니 소속감은 필요악이었다. 혼자는 고립과 왕따를 의미했다. 언제 나도 내가 속한 그룹 친구들한테

버림받아 외톨이가 될지 모르니 늘 그 가능성을 염두에 두고 미리 대타를 물색해놓고 여차하면 바로 갈아타는 순발력이 필요했던 그때. 마치 의자 게임의 잔인함을 보는 듯했다.

그나마 대학에 가면 상대적으로 혼자여도 된다는 사실에 마음속 깊이 안도했다. 적어도 도망갈 곳이 있었고 억지로 마음도 통하지 않는 누군가와 함께하며 공허함을 가짜로 채우기보다는 차라리 그 비움의 시간들을 있는 그대로 직면할 수 있었다. 오히려 많이 비워냈을 때 진심으로 나다울 수 있다는 것을 예민하게 감지할 수 있었다. 스트레스 받을 만한 가치가 없는 관계는 잘라내버리고 걸어나가는 게, 차라리 눈 똑바로 뜨고 고독한 게 견디기가 나았다.

정말이지, 어른이 되어갈수록, 학교에서 벗어날수록 나아지는 일 중 하나를 꼽자면, 원한다면 친구를 굳이 안 사귀어도 된다는 것이다.

·

윤서가 유치원 생활에 적응하던 첫 이 주 동안, 아이에게 내가 먼저 "오늘은 유치원에서 어떤 친구랑 놀았어?"라고 묻는데 내 마음이 다 떨렸다. 혹시나 아이가 시무룩한 표정으로 바뀔까 봐. 한번은 이런 말을 한 날도 있었다.

"오늘, 친구들하고 같이 소꿉장난하려고 했는데 나를 안 끼워줬어. 너무 많다고."

"그럼 다른 친구들이랑 놀면 되지 않아?"

"다른 친구들은 다 혼자 논대."

"그럼 사람이 많으니까 조금만 혼자 놀다가 다시 사람 적어지면 같이 놀자고 하면 안 돼?"

애써 태연한 척했지만, 내가 태연한 표정인 게 이해가 안 간다는 듯이 윤서는 찌푸리며 대꾸한다.

"혼자 놀면 심심해. 심심하다구."

그 말은 솔직하고 정확했다. 그 서글픈 감정이 존재하지 않는 척 할 수는 없었다. '다 잘될 거야' '다 괜찮아질 거야'라고 근거 없는 낙관주의를 강요할 수도 없었다. 아이는 처음으로 소외감이라는 감정을 정면으로 느꼈던 것이다. 그것이 얼마나 심장이 옥죄고 기운이 축 처지는 일인지를 알았는데 어떻게 엄마로서 못 본 척, 아닌 척 할 수 있을까.

윤서야. 엄마는 많이 나아진 편이지만 아직도 잘 모르겠어. 그냥 고등학교를 졸업할 때까진 조금 버겁더라도 참으렴. 친구를 많이 사귀어야 한다. 하루빨리 사귀어야 한다는 강박감만 안 가져도 숨통이 트일 것 같구나. 그리고 나중에 어른이 되면 누가 뭐라고 해도 내가 마음에 들면 사귀고, 그게 아니면 혼자서 지내는 것을 선택해도 된단다. 어른이 된다는 것은 조금씩 자기 자신에게 솔직해지는 것이니까.

기쁨을 주었던 친구가 어느새 슬픔과 고통을 주게 된다 하더라도 우리 조금만 더 관대해지기로 하자. 아무리 버겁고 힘들어도 남는 건 사람밖에 없으니까.

너의 미래에 두근거려

타인의 변화를 바라봄으로써 우리에게 일어난 변화를 거꾸로 실감할 때가 있다. 가령 옆집 딸내미의 성장. 옛날 복도식 아파트라 참 자주도 마주친다. 처음 봤을 때 탱탱한 허벅지에 포니테일 머리를 한 초등학생이었는데 어느 날 정신 차리고 올려다보니 내 눈높이의 중학생이 되어 있었다. 순간, 정말 그때 그 아이인가 싶었다. 늦게까지 학원에 있다 와서인지 지친 데다. 다이어트를 했는지 살이 빠져 있었다. 그녀의 엄마가 내 아이를 오랜만에 볼 때도 그렇게 신기하게 바라보았는데.

집 근처에 남녀공학 중학교가 있는데 나는 등하굣길의 여자 중학생을 보면 가슴이 두근거린다. 특히 매번 정해진 시간에 스쳐 지나가는, 머리가 길고 교복 치마를 짧게 줄여 입고 다니는 여중생을 마주치면 너무 예뻐서 꼭 뒤돌아 그녀의 종아리를 오래도록 응시하게 된다. 혹은 동네 공원 벤치에 앉아 갓 고백한 남자 친구쯤으로 보이는 남학생과 앉아서 심각하게 얘기를 나누는 모습. 장난치는 모습. 당장이라도 울어버릴 것만 같은 모습. 장미 덩굴 뒤에 숨어 엿보고 싶기도 하지만, 나는 방해하고 싶지 않아 발걸음을 돌린다. 물론 가까이 다가가면 그 아이들이 수줍은 미소로 나누는 대화의 절반이 욕일 수도 있겠지만.

아마 내 아이도 저렇게 커가겠지. 그런 너의 미래에 두근거려. 아이가 '와, 언제 이렇게 컸지?' 하고 느낄 때는, 갑자기 어려운 단어를 쓸 때도 아니고 말을 고분고분히 잘 들을 때도 아니다. 아침에 먼저 깨서 옆에 자고 있는 아이의 모습을 물끄러미 바라볼 때다.

여름날 아이는 흰색 민소매 내복과 아래 속옷만 입고 자는데, 점점 몸이 길어지고 살이 여물고 곡선이 제법 여자의 그것을 닮아간다고 느낄 때 나는 소녀의 성장에 탄복하는 한숨을 깊이 내쉰다. 어느새 내 손은 아이의 엉덩이에 가 있다. 아이가 깨기 전에 잠시 변태 엄마가 된다. 모르는 사이 제법 커졌다. 소녀의 가장 눈부시고 깨끗하고 티 없는 아침의 모습을 내가 이렇게 더럽혀놓는다. 세상에, 이 세상에 소녀만큼 아찔하게 아름다운 건 없다.

나는 딸아이가 저토록 무방비 상태로 아름다움을 내뿜을 때마다 아이가 나중에 매력적인 여자로 성장하면 엄마로서 참 기쁠 것 같다는 생각이 든다.

아이는 내가 어색해서 한 번도 못 입어본 미니스커트를 당당하게 입고 다닐까? 내가 어렸을 때 전혀 안 찾았다던 핑크색에 이리도 열광하는 거 보면 그럴 것 같기도 하다. 화장을 공들여 하고 머리에 컬을 말고 잘까? 그것도 내가 가장 눈부신 시절에 기어코 못해보고 지나친 것들, 아쉽지는 않지만. 담배를 피울까? 희뿌연 안개 낀 날에 베란다에 대롱대롱 매달려서 한두 방울 떨어지기 시작하는 비를 얼굴에 맞아가며 한껏 건방진 표정으로 담배 연기를 내뿜는 모습을 상상해본다.

"엄마가 내게 해준 게 뭐가 있어?"라며 대들까? 첫 생리는, 첫 연애는 언제 하게 될까? 내가 살아 있는 동안 결혼을 하게 될까? 어떤 남자에게 처음으로 사랑의 감정을 느끼게 될까? 지금부터 벌써 "난 나중에 아기 필요 없어, 아프니까"라고 하기에 "그래, 원하지 않으면 안 낳아도 돼"라고 말하긴 했지만 막상 딸아이가 언젠가 아기를 낳으면 나는 울어버리고야 말까.

나는 아이가 내게 무얼 해줄 것을 원하지도, 기대하지도 않는다. 다만 아이의 삶 자체가 너무 궁금할 뿐이다. 엿보게만 허락해준다면 고마울 것 같다.

나는 기본 생김새가 바보 엄마이니 딸아이가 가진 좋고 찬란하고 근사한 면만을 바라보며 혼자 도취해서 살 것 같다. 굳이 엄마로서 참견을 한다면 아이가 스스로 발견하지 못한 자신의 숨겨진 장점의 씨앗을 엄마의 촉으로 조금 더 먼저 발견해, 곁에서 이따금 상기시켜주는 것을 인생 최대의 즐거움으로 삼을 것 같다. 물론 그 장점을 키워내든가 말든가 아이 마음이다. 그럼에도 기쁨만 주는 딸일 거라고 과신할 정도로 바보는 아니다. 나를 실망시키는 순간도, 슬프게 하는 순간도 분명히 찾아오겠지. 그런 모든 감정을 같이 주기에 소중한 사람이라고 잠시 체념해보지만…….

  나는 어서 일어나 유치원 가라고 깨울 생각은 안 하고 매일 아침 이렇게 입을 반쯤 벌리고 곤히 자는 아이를 내려다보며 혼자 달콤하고 아련한 백일몽에 잠긴다. 그러고는 아이의 존재를 잠시 신에게 감사드린 후, 아쉬운 마음으로 엉덩이를 조심스레 통통 두드리며 아이를 깨운다.

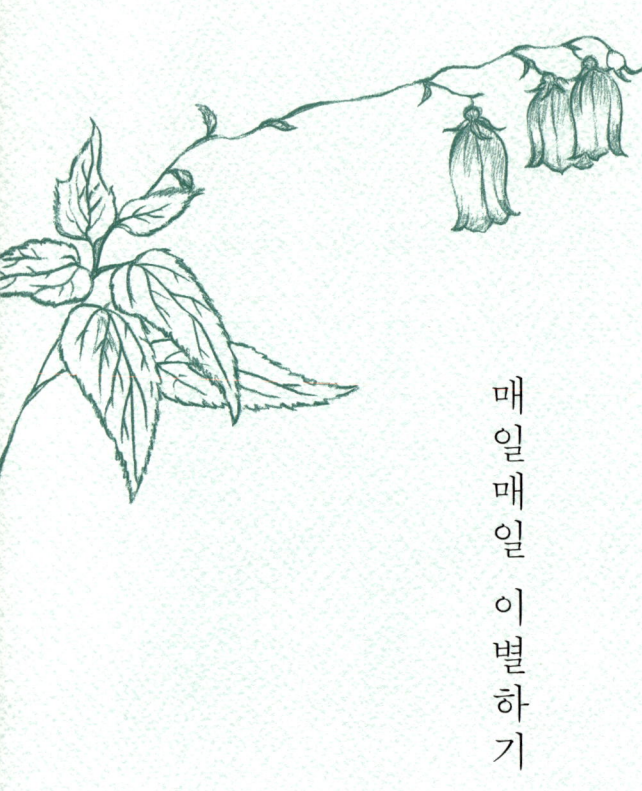

매일매일 이별하기

그녀의 뒷모습

윤서가 유치원에 적응할 무렵, 기분 좋게 손잡고 유치원 문 앞까지 걸어가서 신발 벗고 "엄마, 다녀오겠습니다" 인사까지 했는데도, 막상 헤어지려고 하면 눈물을 글썽거렸던 적이 있었다. 유치원 선생님은 애써 달래며 교실로 들어가자고 어르지만 아이는 꿈쩍도 안 하고 그 자리에 서서 그저 숨죽여 눈물만 뚝뚝. 왜 우는지 말도 안 하고 절대 말하지 않겠다고 다짐하듯 입은 꾹 다물고 있고. 선생님의 표정은 '어머니가 어서 돌아가야 아이가 눈물을 그치고 교실로 들어갈 수 있습니다'였지만 아이에게 등을 돌리고 걸어 나오는 일은 힘겨웠다.

일본에서 대학원을 다닐 때였다. 반년 전 수술받은 갑상선암이 재발하는 바람에 2차 수술을 해야 했다. 당시 브라질에 살던 엄마는 홀로 타지에서 수술을 받아야 하는 막내딸을 위해 건너오기로 했다. 마침 네 살 터울의 언니가 서울에서 첫아이를 출산할 무렵이라 겸사겸사 한국과 일본을 다녀가기로 한 것이다.

우선 일본으로 왔다. 비행기 날짜가 안 맞아 나는 혼자, 몇몇 친구들의 도움으로 수술을 받았고 엄마는 수술받은 다다음 날 도착했다. 며칠 후 언니는 아들을 낳았다. 나는 엄마가 그래도 며칠 더 있을 줄 알았는데 내가 퇴원한 바로 다음 날, 서울로 가겠다고 통보했다. 사실 내가 그녀를 필요로 하는 것은 병실에 있을 때보다 퇴원 후 혼자 되었을 때가 아닌가. 나는 가뜩이나 반년도 안 된 사이 두 번의 수술을 받느라 체력이 상당히 안 좋은 상태였다. 퇴원 전에도 엄마는 한국에 가기 전에 일본에서 볼일을 보고 이것저것 사느라 분주했다.

그리고 마침내 퇴원한 날 저녁, 몇 개 안 되는 짐을 작은 원룸 방에 정리해놓더니 엄마는 내게 초밥을 사 먹자고 했다. 그것은 엄마가 가장 좋아하는 음식이었다. 어차피 식욕도 없고 엄마가 원하니 그렇게 하자고 했다. 엄마는 부근 초밥집에서 초밥을 사 왔다. 나는 몇 개 먹지 못했고 엄마는 먹어야 힘 난다며 억지로라도 먹으라고 했다. 몇 점 더 꾸역꾸역 입안으로 집어넣었다. 나는 맛을 하나도 느낄 수 없었지만 엄마가 맛있게 먹었던 걸 보면, 맛은 제법 괜찮았나 보다.

다음 날 아침, 나는 미처 장기가 회복되지 못한 상태에서 날생선을 먹은 죄로 제대로 탈이 났고, 엄마는 자신의 욕심 때문에 초밥을 억지로 먹인 것을 미안해했다. 탈진해서 끙끙거리며 침대에서 몸부림치는 나를 보고 어쩔 줄 몰라했지만 엄마는 비행기 시간에 늦을세라 결국 기차를 타러 등을 돌리고 떠나버렸다.

엄마를 배웅한 그 침대에서 나는 며칠을 적막 속에 산송장처럼 지냈다. 몸에 힘이 없으니 먹을 힘도, 뭔가 사다 먹을 힘도 없었고, 못 먹으니 더 힘이 없고. 그래서 더 못 챙겨 먹는 무시무시한 악순환. 당시 몸무게는 가볍게 한순간에 42킬로그램까지 바닥을 쳤다. 친구가 구제하러 와서 같이 응급실에 가지 않았다면 그 자리에서 어떻게 되었을지도 모르겠다.

엄마가 서울에 가서 첫 손주를 품에 안는 기쁨에, 한창 젊은 나이에 아파서 누워 있는 안타까운 막내딸의 모습은 이미 잊었으리라는 생각이 나를 더 비참하게 만들었다. 그러나 사람은 누구나 자기에게 기쁨을 주는 밝은 것에 끌린다는 것도 인정하지 않을 수가 없었다.

십여 년이 흘러 이번에는 엄마가 산송장처럼 침대에서 보내야 하는 시간이 찾아왔다. 엄마는 대장암으로 일 년째 투병 중이었다. 가족들은 다들 마음속으로 이 상황을 받아들이고 있었다. 때는 크리스마스이브였고 친정 식구들은 언니네 집에 모여 각자 만들어 온 음식으로 포트럭 파티를 벌였다. 엄마가 건강했을 무렵 늘 하던 바로 그 스타일로.

항암 치료로 체력이 많이 약해진 엄마는 안방에 홀로 누워 있었다. 마치 아무 일도 없다는 듯 아빠와 자식들, 그리고 손주들은 거실에서 흥겹게 대화를 나눴지만 그것은 지나치게 조작된 흥겨움 같은 것이었다. 하지만 그 안에 있다 보면 순간순간 마치 이미 엄마가 돌아가셨다고 착각할 정도였다. 자식들과 손주들이 눈치껏 번갈아 가면서 의무적으로 엄마를 들여다보기 전까지는.

내 차례가 되었다. 아파봐서 그런지 나는 아픈 사람들을 보는 게 참 싫었다. 허공을 응시하는 특유의 무표정이 가슴을 짓눌렀다.

"엄마, 괜찮아?"

침대 머리맡에서 나는 엄마가 지겹도록 들어왔을, 그 하나 마나 한 소리를 했다.

엄마는 갑자기 대답 대신 눈물을 흘리기 시작했다. 뼈만 남은 깡마른 몸에 상대적으로 더 커 보이는 털모자를 쓴 머리통이 무겁게 아래로 떨구어졌다. 두 어깨를 아무리 떨어봐도 기력이 없어 눈물도 힘차게 나오질 못했다.

나는 엄마가 가족들은 다 밖에서 하하 호호, 웃고 먹고 떠들고 있는데 자기만 어두컴컴한 안방에서 죽을 날을 기다린다는 생각에 서러워 우는 줄 알았다. 밖의 소음 때문에 몸이 힘들까 봐 조금만 열어놓은 방문 사이로 환한 크리스마스트리의 일루미네이션이 번쩍번쩍했다.

"미안하다……."

엄마가 겨우 입을 뗐다.

"응? 뭐가……?"

"너 그때 몸도 안 좋았는데 내가 억지로 소화도 안 되는 초밥 먹게 해서……."

그것은 근 십여 년 전에 벌어진, 그사이 서로에게 한 번도 얘기하지 않은 주제였다.

"……."

"너 아파서 누워 있는데 그걸 놔두고 내가 나와버리다니……. 엄마로서 할 짓이 아니었다. 내가 이렇게 아파보니까 알겠어. 그때 너의 기분을."

아, 뭐라고 대꾸해야 할지 몰라 분명히 눈앞이 캄캄했는데 내 입에서는 줄줄이 제멋대로 말이 나오고 있었다.

"응, 나 그때 엄마 때문에 많이 속상했어. 그렇게 나 내팽개치고 언니한테 가고 나서 나 혼자서 얼마나 많이 아프고 힘들었는 줄 알아? 엄마 진짜 그때 너무 했…… 내가 얼마나 엄마 원망했는지 알아……?"

나는 어느새 호흡이 거칠어지며 목이 메어왔다.

"어, 알아……. 내가 정말 미안해. 이제 와서 말하지만 정말 그땐 미안했어. 엄마가 너한테 정말 미안해……."

나는 한 치도 봐주지 않고, 쏟아내듯, 그날 버려진 이후 내게 벌어진 끔찍한 일련의 일들에 십 년 묵힌 짜증까지 얹어 자비심도 없이 엄마를 비난했다. 그러나 난생처음 그제야 딸로서 엄마에게 마음껏 투정을 부렸다는 사실에 내심 기쁜 것도 잠깐, 이내 그것이 엄마에게 화낼 수 있는 마지막 기회라는 것을 깨닫고 마음이 무너져 내렸다.

냉철한 엄마들

마르잔 사트라피라는 이란 태생의 여성 작가를 좋아한다. 그녀의 심플한 흑백 만화에는 솔직함, 담백함, 명료함과 아련함이 절묘한 균형을 이루고 있다. 살면서 '아, 이 사람은 내 작가다!'라고 할 행운이 몇 번 없었는데 그녀는 내게 평생에 걸쳐 계속 신경 쓰일 작가로 마음속에 자리 잡았다.

그녀의 대표작이라 할 수 있는 『페르세폴리스』는 1980년대 이슬람 혁명기에 베일을 쓰며 억압적인 어린 시절을 보낸 저자 마르잔 사트라피의 소녀 시절을 그린 수작으로, 스토리도 흥미롭지만 거기에 등장하는 그녀의 엄마가 참으로 인상적이었다.

문밖에만 나가노 전쟁으로 소년들을 잡아가고 여자들의 복장이나 행실을 단속하고 국가와 종교를 위해 순교한 이들을 칭송하는 암흑 시대였지만 사트라피 집안의 문 안쪽 사정은 달랐다. 마르잔의 부모님은 매우 개방적이고 진보적이었는데 그녀의 엄마는 베일 반대 시위에 나섰다가 사진에 찍혀 큼지막하게 신문에 실리는가 하면, 딸을 '근본주의 반대 집회'에 데리고 나가기도 한다. 그럼에도 같은 반 친구인 고문 기술자의 아들을 우롱하고 상처 입히려는 마르잔을 심하게 나무라며, 그것은 결코 그 아이의 잘못이 아니라는 분별력을 가지도록 가르치고 사람의 죄를 용서하는 방식에 대해서도 단호하게 일러준다. 딸이 여성으로서 자신의 권리를 지키는 법을 배워야 하는 만큼, 타인의 권리도 존중받아야 마땅함을 가르친 것이다.

이란의 전형적인 보통 엄마에 비해 그녀는 참 달랐다. 서구로 해외여행을 다녀오는 길에 사춘기 딸을 위해 헤비메탈 그룹 포스터를 남편의 외투 안감에 몰래 넣어 세관을 통과하는 기지를 발휘하는가 하면, 열세 살밖에 안 된 딸이 혼자 외출하는 것을 허락한다. 경찰의 검문이 극심한 이란 거리에선 쉽지 않은 일이었다. 그리고 마르잔이 고작 열네 살 때 딸의 불같은 성향과 교육을 고려해서 오스트리아 유학을 결정한다.

"하지만 난 겨우 열네 살이라구요! 걱정 안 되세요?"

"그래, 넌 열네 살이고, 난 내가 널 어떻게 길렀는지 잘 안다. 난 그걸 믿어."

마르잔 사트라피의 엄마는 그녀가 그저 응석받이 아이처럼 자라는 걸 원치 않았다.

"우린 너를 너무 사랑하니까 널 보내는 거야. 우린 네가 가까이서 힘들어하는 것보단 멀리서 행복하게 살길 바라."

막상 공항 출입국장에서 외동딸과 작별 인사를 하고 돌아서자마자 실신해버린, 속은 여리디여린 엄마지만 말이다.

그러나 큰 뜻을 품고 오스트리아 고등학교로 유학을 온 마르잔 사트라피는 극심한 정체성 혼란을 겪었다. 그녀는 이란에서는 서양 여자였고 서양에서는 이란 여자였던 것이다. 엎친 데 덮친 격으로 첫 연애에 실패하자 마음이 약해져 '외로운 자유'보다는 '안 외로운 구속'을 택하며 이란으로 돌아가기로 결심한다. 마르잔의 엄마도 딸의 고독과 고통을 자기 일처럼 느꼈기에 딸의 귀국을 대놓고 나무라진 않았고, 엄마로서 사랑하는 외동딸을 곁에 두는 것이 싫진 않았지만 그래도 이 후퇴가 일시적인 것이기를 바랐다.

딸이 대학 졸업 후 평범한 결혼을 택하는 것을 보고도 이것 역시 일시적인 휴식이나 후퇴로 간주했다. 그래서 결혼한 지 얼마 안 되어 합의 이혼을 결심하고 다시 외국으로 나가 공부하려는 딸의 결정에 그녀는 그리 놀라지 않았다. 조금 돌아서 왔지만 이제야 제자리를 잡고 걸어간다는 투였다.

"나는 항상 네가 독립적이고 교육받고 교양을 가진 사람이 되길 바랐단다. 그런데 이렇게 스물한 살에 결혼해버리다니……. (…) 난 내 딸이 인생을 낭비할까 봐 두려웠단다. (…) 이번에 넌 영원히 떠나는 거야. 넌 자유로운 여자다. 오늘날의 이란은 너를 위한 곳이 아니야. 난 네가 여기 다시 오는 걸 금지한다!"

나 역시도 열다섯 살에 처음으로 부모님과 떨어져 미국에서 오빠와 단둘이 생활했다. 지금 따져보니 부모님과 함께 산 시간은 평생 다 합해서 십칠 년 남짓이다. 부모 자식 간의 대단한 인연에 비하면 실제로 부대끼면서 지낸 세월이 스무 해도 안 되는 것이다. 엄마는 마르잔 사트라피의 엄마처럼 나를 딱 열서너 살에 심정적으로 품에서 놔준 것 같다. 그때부터는 내게 모든 선택권과 결정권, 그와 더불어 책임과 자유를 주었다.

내가 이십 대 중반에 서울에서 혼자 살면서 직장을 다니던 무렵 부모님이 외국에서 외교관 생활을 하다가 오랜만에 귀국했다. 당연히 혼자 살던 내게 다시 기회가 안 올지도 모르니 마지막으로 같이 살자고 할 줄 알았다. 그런데 웬걸, 내 우려 혹은 기대와는 전혀 다른 말을 했다.

"엄마 아빠는 할머니 할아버지를 모시고 살아야 하니 넌 여기 들어와서 살지 마. 회사도 멀고, 넌 혼자 그대로 도곡동에 살아. 젊은 사람은 나이 든 사람들한테 기 뺏기며 사는 거 아니다."

아무리 생각해도 보통 엄마는 아니었다. 물론 그러면서도 때로는 짙은 한숨을 내쉬면서 이런 말을 흘리기도 했다.

"경선아…… 여자 인생은 말야, 어쩌면 그냥 옆 못 보게 눈 가린 말처럼 불필요한 것은 안 보면서 그냥 주어진 환경에서 평범하게 하루하루 사는 게 최고의 행복인지도 몰라. 보통 남자 만나 살림하고 애 키우면서 말야."

　마르잔의 엄마도. 나의 엄마도 딸의 자유로운 인생을 원하면서도 동시에 딸이 부지불식간에 상처 받는 것은 원치 않았던 것 같다. 그것이 어쩌면 당연한 엄마의 마음. 한 사람의 인간이자 당당한 여자로서 울타리를 벗어나고 극복하길 바라지만 내 자식이라고 느껴지면 조금은 보호하고 싶은 생각에 마음이 약해지기도 했을 것이다. 자유를 감당하려면 때로 그 이상의 대가를 치러야 하는 것이 얼마나 힘겨운지 그녀들은 알고 있었으니까. 그럼에도 공통적으로 확고하게 요구했던 것은 자유를 누리는 만큼 최소한 열심히 살아 내는 것이었다.

　"나중에 어떤 일을 해도 상관없지만 어쨌든 그 일에서 최고가 되도록 노력해야 해. 카바레의 댄서가 되더라도 리도의 댄서가 되는 것이 별 볼일 없는 싸구려 나이트의 댄서가 되는 것보다 낫지."(마르잔 사트라피, 『페르세폴리스』 중에서)

　'있는 그대로 나를 인정해줘'라고 말할 수 있기 위해 있는 그대로의 너는 계속 부단히 노력하는 너여야만 한다는 것. 일견 자유분방한 듯 보이는 그 엄마들은 실은 고지식할 정도로 냉철한 엄마들이었다.

　지금도 나는 엄마가 암 투병 중에 병상에서 내 첫 책 『러브 패러독스』를 읽고 있던 모습이 아련하다.

　"너 참 솔직하게 잘 썼더라? 재미있게 읽었어."

나의 연애사가 가득 담긴 책이라 사실 곧 죽어도 엄마에게만큼은 보여주고 싶지 않은 조금은, 아니 많이 부끄러운 책이었다. 그걸 읽고 너무 놀라서 몸이 더 안 좋아질까 봐 엄마에겐 알리지 말라고 가족들에게 신신당부했건만, 엄마는 키득대며 그 책을 앙상한 무릎 위에 올려놓고 힘들지 않을 정도로 매일 조금씩 챙겨보고 있었던 것이다. 병상에서 엄마가 웃는 모습을 본 것은 그때가 마지막이었다.

엄마의 미소는 내게 '넌 너에게 진실했을 뿐이야. 왜 네가 쓴 것을 부끄러워하니? 이것이 너의 한계라고 해도 그것을 인정하고 앞으로 노력해서 더 잘하면 되잖아. 스스로에 대한 존엄성과 정체성만은 무슨 일이 있어도 잃으면 안 돼. 있는 그대로의 너라도 괜찮아'라고 소리 없이 말해주었다.

내가 여태 글을 어떻게든 십 년 넘게 써올 수 있었던 것은 그날, 내게 처음으로 긍정적인 평을 해준 그 팬 때문이다.

평범한 아이는 싫어

　사람들은 자기 자식이 아이 때는 특별한 아이로 크길 바라지만 성인으로 성장해서는 무난하게 남들만큼만 살길 바란다고 한다. 하지만 나는 내 아이가 평범하게 크는 건 싫다. 특별하고 매력적이고 아름다운 여자로 커주었으면 한다. 딸아이가 어디 가서 자신을 "저는 평범한 2X살 아무개입니다" 같은 식으로 소개한다면 무척 화가 날 것 같다.

　나는 세간에서 말하는 평범함에 그 어떤 매력도 못 느끼고 '평범하다'라는 표현에 늘 고개가 갸우뚱거린다. 왜 스스로를 평범하다고 하는 걸까? 겸손해진 듯한 기분? 다수에의 소속감, 아니면 자학? 평범하다는 해석은 나쁘게 보면 지루하고 특별할 게 없다는 것, 좋게 보면 그만큼 모나지 않았다는 얘기일 것이다. 내가 볼 때 '평범'이라는 단어가 아무렇지도 않게 쓰이는 이유는 나는 정상이고 주류야, 라는 안전보호장치를 사전에 깔아두기 위해서인 것 같다. 집단주의적 사고에 동조함과 동시에 자신을 보호하고 스스로에게 연민을 느끼는 약자 의식 같은 것.

또한 '평범'이라는 단어는 나 자신과 나의 삶이 가진 디테일을 설명하기를 포기하는 느낌이다. 표면적으로는 평범한 범주의 외모와 성격과 직업일지 모르지만 자신을 다른 사람들과 차별화하는 무수히 많은 디테일을 지레 포기하고 싶을까. 하물며 내 안의 그 디테일, 개성을 발견하고 가꿔나가는 것이야말로 삶의 즐거움과 직결되는데 말이다.

엄밀히 말하면 '평범'이라는 단어도 있을 수가 없다. '평범하다'라는 건 타인과 자신을 견주는 개념인데 사람은 자신의 개별적인 인생을 살아나갈 뿐이기 때문이다.

자기 인생의 주인공으로 살고 그를 위해서 조금은 나르시시스트가 되는 것, 차라리 그편이 좋다. 그런데 자신을 평범하다고 치부하고 내 인생보다 비범해 보이는 남의 인생에 더 많은 관심을 가지면서 산다면 그건 평생 조연의 삶밖에 되지 않는다. 나는 딸아이를 보호하려는, 즉 사고 치지 말고 조용히 무난하게 살라는 명목하에 조연의 가치를 설파하며 '평범하게 살다 가는 것이 최고 좋은 거야' '인생 좀 살아봤더니 별거 없더라'라는 투로 아이의 호기심이나 욕망을 꺾지 않을 것이다. 인생 별거 없는 게 아니라 분명 별거 있으니까.

하긴 요즘 같은 각박한 세상에선 남들만큼 평범하게 살아간다는 것 자체가 대단한 일일 수도 있겠다. 그럼에도 나는 한창 여러 일을 경험하고 도전해야 할 나이에 튀지 않고 잔잔하게, 헛된 욕망에 휘둘리지 않으며 살아가는 것을 권장하고 싶진 않다. 튀기도 하고 꺾이기도 하고 헛된 욕망에 휘둘리기도 하면서 크고 깊게 아프고 느끼면서, 그렇게 인생의 시고 쓰고 단 맛을 하나하나 맛보는 게 삶 아니던가. 평범하게 살아낸다는 것도 쉬운 일은 아니지만 일부러 지향해야 할 가치는 아니다.

'평범함' 대신 '심플함'이 어떨까? 심플함이란 나의 삶을 복잡하게 만드는 여러 번잡한 소용돌이 속에서 온전한 자각과 의식을 가지고 무엇이 내가 원하는 진짜이고 가짜인지를 파악하면서, 길을 가는 도중 버릴 건 버리고 포기할 건 포기하는 태도다. 정말 나에게 의미 있는 것만 남기고 그것을 지키고 더 잘해내기 위해 최선을 다할 때 삶이 명료해지고 자신감이 생기는 상태를 말한다. 말하자면 심플할 수 있다는 것은 그 이전에 그만큼 심플하지 않은 복잡한 많은 것들을 온몸으로 겪으면서 소화해 가장 중요한 것만 남겼음을 의미한다.

"그래, 너무 욕심 부리지 말고 눈도 좀 낮춰. 그럼 행복해질 거야" 같은 말은, 다시 말하지만 결코 딸에게 하지 않을 것이다. 심플함은 타협이 아니다. 타협? 거긴 심리적 낭떠러지다. 원래 하던 대로 고개를 치켜들고 걸어가되 몸이 가벼워질 수 있게 군더더기를 덜어내고 핵심 가치만을 지키며 콤팩트해지는 것이 심플이다. 너절하게 꿈꾸는 삶이 아닌, 집중해서 실천하는 삶 말이다.

완벽해지라는 말은 물론 아니다. 나는 나일 뿐이라는 뿌듯함과 나는 나일 수밖에 없다는 처절한 한계를 둘 다 받아들이는 것을 기본 전제로, 타인의 인생의 소비자로 사는 게 아니라 내 인생의 창의적인 생산자로 살아가자는 말이다. 우리 모두 발을 깊숙이 담그는 것을 두려워하며 자신을 지키기에 급급해하지 말고 평생 현역으로 살아냈으면 좋겠다.

한남동에서 생긴 일

옥수동이라는 작은 동네에서 결혼 이래 십이 년째 살고 있다. 이 동네가 품고 있는 이미지는 나라로 따지자면 유럽의 개성 강한 국가들 사이에 콕 박혀 있는, 세상에서 가장 작은 나라 산 마리노일 것이다. 하필 부터 나는 모나코 옆에 붙어 있어 더욱 존재감이 미미한 곳. 그렇다면 옥수동의 모나코 같은 존재는 한남동이겠다. 한남동에는 외국 대사관들이 즐비하고, 고급 주택가와 아파트 단지, 소문난 영어 유치원들이 들어서 있어 유학파 부자들과 연예인들이 많이 산다.

한남동이 옥수동의 왼쪽에 위치한다면 오른쪽에는 금호동이 자리하고 있다. 금남시장이라는 재래시장이 있어서 분위기는 서민적이고 떠들썩하다. 개성이 희미한 옥수동에 살지만 좌우로 정체성이 분명한 두 동네를 제집 앞마당 드나들듯 즐기며 잘 지낸다. 내가 속한 동네는 내가 잠을 자는 곳일 뿐이다.

어느 날, 유치원에서 돌아오는 길에 딸아이와 한남동의 작은 쌀국수 집에서 이른 저녁을 때우기로 했다. 가게 안은 텅 비어 있었다. 가볍게 메뉴를 시키고 음식을 아이와 나눠 먹고 있는데 손님이 들어왔다. 웬걸, 한국의 톱 여배우와 그녀의 남편이었다! 말 그대로 유학파 부자와 연예인의 조합. 깜짝 놀라 본능적으로 고개를 다른 쪽으로 휙 돌리고 담담한 표정으로 먹는 데만 집중하려고 했다. 그녀의 남편은 쌍둥이에게 모유 수유하는 아내를 위해 종업원에게 소고기의 원산지를 꼼꼼하게 따져 물었고 나는 맨 얼굴임에도 후광이 눈부신 그녀를 훔쳐보고 싶었지만 촌스러울 것 같아 목을 더 뻣뻣하게 다른 쪽으로 돌렸다. 전혀 사태 파악이 안 되는 딸아이만 괜히 다른 손님 들어왔다고 흥분했다. 그녀가 한국 최고의 여배우든, CF의 여왕이든 알 바 아니라는 듯이.

그러다가 얼마 후, 세 번째 타자로 3인 가족 한 팀이 들어왔다. 뭐랄까, 나의 편견이겠지만 상당히 전형적인 분위기였다. 남자는 세련된 뿔테 안경에 카키색 반바지를 입은, 미국 아이비리그 대학쯤 나와 외국계 금융 회사에 다닐 법한 스타일. 아내는 국내 유명 여대의 음대나 미대 출신일 법한 후천적 관리형 미인. 깔끔하고 곱상한 아들은 브랜드 유치원과 사교육에 절여진 듯한 애어른 같은 태도. 그들은 마치 '우리도 가끔 이렇게 소박하게 쌀국수를 먹으러 와요'라고 하듯 고고하고 가벼운 발걸음으로 들어왔다가 톱스타 커플을 발견하더니 뜨악한 것 같았다. 대수롭지 않다는 듯 바로 그 옆에 자리를 잡았건만 스타의 기에 눌려서인지 영 편해 보이지 않았다. 우리 테이블과 톱스타 테이블 사이에 끼어 앉는 바람에 내 시선 처리만 편해졌다.

나름 '청담동 며느리' 스타일의 그녀는 세련되고 옅은 화장에 명품 옷과 가방, 자연스러운 듯 상당히 매만진 머리의 의미를 무색하게 만드는, 한국 최고 여배우의 '내추럴 본 미모' 옆에서 가면이 벗겨지듯 노골적으로 주눅 들고 불편한 감정을 드러냈다. 의식하고 싶진 않지만 본능적으로 자꾸만 '넘사벽'을 훔쳐보게 되는 스스로에 대한 민망함. 그리고 아내보다 아름다운 여배우를 애써 의식하지 않으려는 남편의 애정 어린 어색함. 그 와중에 곱게 키운 아들은 자존심 상하게시리 옆자리의 꾀죄죄한, 아무리 봐도 이 동네 출신 같지 않은 계집아이에게 온통 신경을 뺏겨 밥도 안 먹으니 심란하기 짝이 없다.

이윽고 그녀는 '아드님'에게 존댓말을 쓰며 영어 이름으로 부르더니 그만 놀고 국수 식기 전에 어서 먹으라고 예민하고 고상하게 타일렀다. 그러나 여섯 살 꼬마에게는 유명하다는 것이 주는 위압감은 별 의미가 없는 법. 그 남자아이는 자기대로 충분히 분주하다.

"넌 이느 유치원 다니니? 난 영어 유치원 다니는데……!"

그 남자아이는 딸아이의 샛노란 유치원 가방에 새겨진 "XX초등학교 병설 유치원"이라는 한글을 빤히 읽어놓고도 굳이 물었는데, 아마도 자신이 영어 유치원 다닌다는 사실을 자랑하고 싶었던 것 같다. 내가 그 천진난만한 조악함이 귀여워서 피식 웃었더니 그 엄마는 "넌 그러면서 영어도 잘 못하잖아……"라며 아들의 시선을 돌리려고 애썼다. 마치 못한 처지에 놓인 사람들에게 차별적 발언을 해서 계면쩍은 척하는 양. 어떻게 보아도 그녀는 자기 아이가 평범한 유치원을 다니는 여자애와 아무렇지도 않게 노는 것이 못마땅했던 것 같다. 그러거나 말거나 딸아이는 네가 영어 유치원을 다니든 말든 알 바 아니라는 듯 적절히 무시하며 튕겼다.

비슷한 방식으로 비슷한 욕망을 향해 살아가는 사람들 사이에선 자기들끼리의 소속감 속에서 적절히 고만고만하게 경쟁하며 살아가면 그만이다. 하지만 때로 우리는 이렇게 한 공간 속에서도 전혀 다른 세계를 갑작스럽게 맞닥뜨리기도 한다.

다른 손님이 고작 두 테이블 있을 뿐인데도 벌써 시선이 불편해졌는지 이윽고 여배우는 먹다 말고 직원을 불러 포장해달라고 하더니 연기처럼 휙 나가버렸다. 그러자 갑자기 장내의 묘한 긴장감도 확 풀어졌다. 연쇄 작용처럼 갑자기 그 청담동 며느리도 아까와는 사뭇 다른, 한결 관대해진 태도로 내 딸아이를 대하기 시작했고, 돌변한 태도가 갑자기 어색해진 나는 얼추 다 먹은 딸아이를 데리고 거길 빠져나와 버렸다. 같은 음식물로 배를 채운 세 테이블의 사람들은 그렇게 저마다의 세계로 평화를 찾아갔다.

꿈꾸는 엄마

"엄마는 나중에 뭐가 될 거야?"

문득 아이가 내게 묻는다. 나는 그럴 때마다 "글을 잘 쓰는 사람이 되고 싶어"라고 대답한다. 자유로운 여자가 되고 싶어, 라고 말해도 아이는 이해하지 못할 테니.

"너, 엄마가 뭐하는 사람인지 알아?"

"음…… 글씨 쓰는 사람. 라디오 가는 사람."

글'씨'라는 말에 피식 웃음이 새어 나온다.

나는 어떻게든 지금 내가 일을 하며 살고 있다는 사실이 자랑스럽고 스스로가 대견하다. 그리고 아직도 더 되고 싶은 그 무엇이 있어서 나행이라고 생각한다. 나는 결코 아이에게 "네가 나의 꿈이고 희망이고 미래야. 너의 꿈이 나의 꿈이지" 같은 말을 하고 싶지 않다. 언젠가 그 말이 "내가 너 때문에 얼마나 고생했는지 알아?"라는 말로 바뀔까 봐 두렵기 때문이다.

 엄마는 소비하는 사람일 뿐 아니라 생산해내는 사람임을 아이가 자연스럽게 알았으면 좋겠다. 엄마가 자신의 꿈을 찾아 생생하게 살고 있는 어깨를 보여주면 아이는 자연스럽게 꿈꾸는 사람의 샘플을 보게 되고, 꿈을 어떤 가시적인 형태로 실천하는 방법을 자연스레 터득하리라 본다. 그것은 약간의 용기와 끈질긴 인내심의 문제니까. 아이에게 '엄마는 충족된 인생을 살기 위해 지금 이걸 하고 있어'라며 즐겁게 노력하는 모습을 보여주고 싶다. 나라면 인내하는 모습보다 힘내고 노력하는 엄마의 모습이 더 자랑스러울 테니까.

 '아이가 좋아하는 일을 했으면 좋겠다'가 아이의 장래희망에 대해 부모가 말할 수 있는 모범 답안이라고 알고 있지만 그렇게 완전히 놔주기는 쉽지 않을 것이다. 나 역시도 아무런 경계선 없이 '무조건 하고 싶은 거 해! 공부 못해도 돼!'라고 무한으로 열려 있는 가능성을 이야기하진 않을 것 같다. 그래도 최소한 자신이 관심 있는 분야에서 필요한 만큼 공부를 하고, 어느 나이가 되면 스스로 돈을 버는 것만큼은 부디 해주기를 바란다. 왜냐하면 공부를 해야 다양한 삶을 선택할 수 있는 한 차원 높은 자유가 주어지고 직접 돈을 벌어봐야 조금 더 트인 눈으로 선택할 수 있기 때문이다.

 그렇다고 특정 직업군을 콕 집어서 했으면 좋겠다고 말하지는 못하겠다. 다만 어떤 성격을 가진 일을 추천하고픈 마음은 있다. 일은 여러 특성을 지녔다. 점점 더 함으로써 숙달되어 기쁨이 큰 일, 일 자체가 주는 즐거움이 큰 일, 일을 하면서 함께하는 사람들과의 관계에서 기쁨을 얻는 일, 돈이나 명예나 권력 등을 얻게 되어 기쁜 일, 일을 함으로써 남들한테 사랑받을 수 있기에 기쁜 일.

 나에게 가장 기쁜 일이라면? 바로 다른 사람의 마음을 움직일 수 있는 일일 것이다. 내가 만들어내는 것, 내가 표현하는 것으로 타인의 감정을 움직이고 깨달음을 끌어내서 좀 더 나은 사람이 되도록, 자발적인 변화가 가능하도록 도와주는 일을 할 때 가장 행복감이 컸다. 물론 타인의 생각과 행동에 자극을 주려면 창의적으로 새로운 관점을 제시할 수 있어야 했다. 나는 나다울 때 가장 창의적이었고, 그럴 때 비로소 남들도 도울 수 있었던 것 같다.

 많은 사람들이 창의적인 일을 하고 싶어하지만 내가 보기엔 세상에는 처음부터 그 자체로 창의적이고 재미있는 일이나 직업은 없는 것 같다. 창의적으로 보이지 않는 일을 하더라도 얼마든지 창의적인 방식으로 할 수 있다. 내가 재미있게, 그리고 창의적으로 하면 그렇게 된다. 내 안에서 무언가를 강하게 원하는 마음을 알고 그 간절한 마음에 솔직하게 반응하는 것, 그런 태도는 많은 차이를 만들어낸다.

 아무리 봐도 부모가 아이를 위해 할 수 있는 유일한 일은 정말로 사급석 아이가 가진 운명을 방해하지 않는 것, 그뿐인 것 같다. 몸과 마음이 건강하다면 아이는 스스로 원하는 것이 뭔지 파악하고 제멋대로 추구할 능력을 키울 것이다. 아이들은 우리가 생각하는 것보다 훨씬 더 강하다. 부모가 할 수 있는 일은 조금은 걱정스러운 마음으로 지켜보는 것밖엔 없다.

아이 인생의 주인공은 어디까지나 아이이고 부모는 어디까지나 초대받지 않은 조연. 난 내 인생 살 테니 넌 네 인생 살아. 응?

바깥놀이

나는 거의 매일 최소 두세 시간씩 아이와 바깥놀이를 한다. 아이가 생기기 전에 오랫동안 강아지를 키운 터라 바깥에서 노는 습관이 몸에 뱄기 때문이다. 강아지가 하루에 두 번 산보를 안 나가면 기분이 안 좋아지듯, 어린아이들도 밖에서 몇 시간 충분히 놀아야만 가장 자연적인 상태를 보존할 수 있다.

우리 집은 지은 지 이십 년이 넘은 오래된 아파트라 놀이터도 '올드'하다. 바닥도 푹신한 쿠션이 아닌 방치된 모래이고 잡초와 들꽃이 군데군데 무성하게 나 있다. 그래도 균일화된 놀이터보다 차라리 이런 게 독특한 감각이 있어서 좋다. 울퉁불퉁한 바닥을 걸으면서 유연한 발걸음을 훈련하고, 마음에 드는 생김새의 잡초를 골라 마음껏 꺾어서 관찰해볼 수도 있고, 민들레 홀씨도 날려보고, 슬그머니 잡초들 사이에서 '쉬'도 할 수 있다.

아파트 단지 내 놀이터에 아이들이 안 보인다고들 하는데 놀이터가 활기가 없고 황폐해지니 더 더러워지고 위험해지고, 그래서 아이들은 더 없어지고…… 이런 악순환인 것 같다. 아무래도 베란다에서 내려다보았을 때 놀이터에 다른 아이들이 없으면 왠지 나가기가 머쓱해진다. 그래도 놀라운 것은 용기 내어 먼저 나가서 딸아이와 둘이 놀다 보면 한 명 두 명, 아이들이 굴 속에 숨어 있던 개미들처럼 이내 살금살금 나온다는 것이다. 다들 조금 전의 우리처럼 베란다 너머로 상황을 지켜보고 있었던 것마냥. 먼저 용기 내길 참 잘했다.

놀이터에 모인 아이들이 자연스럽게 서로 섞여 노는 모습을 지켜보다 보면 대견하고 흐뭇한 기분이 든다. 처음 보는 낯선 친구들인데도 아이들이 하나둘 모이면 그중 언니 오빠들이 자연스레 놀이를 가르쳐주고 동생들은 뭣도 모르고 그 놀이를 익힌다. 서툴러도 열심히 따라 하면서 노는 방법을 배워간다. 또 싸우고 참고 양보하면서 아이들끼리 소통하는 방법을 알아간다. 아이들의 첫 사회 생활은 놀이터에서 이루어지는 셈이다.

아이가 스스로 독립적으로 놀이 방법을 터득하는 것을 지켜보는 것도 뿌듯하다. 놀이기구를 타거나 높은 곳에 올라가는 것이 위험해 보여도 아이들은 본능적으로 자신들이 할 줄 아는 것에만 도전한다. 위험을 느끼면 진지해지고 집중력이 높아지면서 위기를 해결하려고 노력한다. 그런 긴장감 속에서 '내가 해냈어!' 같은 성취감을 느끼는 싱그러운 표정을 볼 때, 아이와 함께 웃지 않을 부모가 어디 있을까?

베란다에서 빨래를 널다가 창 너머로 놀이터를 내려다보노라면 옆 동네의 고등학생들이나 재수생들이 삼삼오오 벤치에 앉아 담배를 피우기도 하고 때로는 앳되어 보이는 커플이 앉아 손을 잡고 슬쩍 키스를 나누기도 한다. 가끔 대낮에 같은 동에 사는 소설가 김경욱 씨가 시소 앞 벤치에 앉아 허공을 바라보며 '멍 때릴' 때가 있는데, 그 모습을 볼 때마다 나는 빨래 널던 손을 멈추고 아이디어가 샘솟을 수 있도록 나지막이 하늘에 대고 기도해본다.

날씨가 유난히 좋은 일요일 오후에는 조금 더 발품을 팔아 신사동에 있는 도산공원으로 향한다. 도산공원은 아무래도 집 앞 놀이터보다 훨씬 더 크니 아이는 신나서 가만 놔둬도 자기가 알아서 온 힘을 다해 뛰기 시작한다. 아이들은 달릴 때 정말 쾌감을 느낀다! 다다다다 뛸 때만큼 활짝 웃거나 진지했던 적이 또 언제 있을까 싶다. 태양 아래서 몸을 마음껏 움직이며 놀 때 아이들은 정말 즐거워 보인다.

도산공원에서는 사람 구경하는 것도 재미있다. 큰 개를 데리고 산책이나 피크닉을 나온 사람들도 있고, 아마추어 사진가들도 있고, 웨딩 촬영을 하는 커플들도 있고, 자신이 만든 노래를 선보이기 위해 통기타를 들고 나온 젊은 아티스트들도 있다.

아이와 나는 주로 구석진 소나무 숲 그늘 아래에 콕 숨어서 논다. 가을에는 군데군데 흩어진, 크기와 모양이 천차만별인 솔방울을 주워 초록색, 연두색, 금색, 갈색의 절묘한 변화를 보여주는 큰 플라타너스나 떡갈나무 잎사귀 위에 올려놓고 음식 놀이도 하고 쌓기 놀이도 한다. 봄에는 클로버 꽃으로 반지와 왕관, 목걸이, 들꽃 부케를 만든다. 그것은 어릴 적 내게 가장 기쁨을 주던 놀이이기도 했다.

그러나 내가 진심으로 사랑하는 바깥놀이의 순간은 더 이상 바깥놀이를 하지 못하게 될 때다. 한참을 놀다가 문득 하늘을 올려다보면 어느새 먹구름이 끼어 있고 어디선가 강한 바람이 불기 시작한다. 그리고 우리 머리카락은 바람에 사정없이 나부낀다. 그러다가 빗방울이 툭툭, 하나둘 떨어지다가 이내 강한 빗줄기로 바뀐다. 짙은 풀 내음을 맡으며 우리는 즐거운 비명을 지르면서 비를 피할 곳으로 뛰어간다. 이때 비를 홀딱 맞으면 맞을수록 왜 그리도 신나고 즐거운지. 발바닥에 물이 차서 물컹해지는 감촉은 또 어찌나 재미있는지.

또한 겨울이면 갑자기 흩날리기 시작하는 눈발이 눈 깜짝할 사이에 두껍고 둔탁한 함박눈으로 변하는 순간, 그 짙어지는 공기감. 하늘을 향해 두 팔 벌리고 입을 열어 누가 눈송이를 잘 먹는지 대결하며, 우리는 점점 새하얀 눈송이들이 이 세상의 모든 소음을 먹어버리는 과정을 항복하는 마음으로 고요히 지켜본다.

예측할 수 없는 우연인, 날씨와 자연의 변화를 맞이하고 대응해나갈 때 우리는 온몸으로 스스로가 생생히 살아 있음을, 자연의 일부임을 느낀다.

왜 자꾸자꾸 안 웃어?

엄마들 사이에선 의견이 분분하다.

"역시 아이들을 위해서는 집에 엄마가 있어야 해."

전업주부인 엄마는 만날 같은 차림새로 다니는 자신의 모습이 마음에 안 든다.

"아냐, 아이들은 조금 더 크면 회사 나가는 엄마를 자랑스러워할 거야."

피곤에 전, 직장 다니는 엄마는 시무룩하게 말한다.

그리고 만성 피로에 절어 만날 같은 차림새로 집에 콕 박혀 일하는 나 같은 재택근무 프리랜서 엄마도 있다. 나는 주변의 직장 다니는 엄마한테도, 전업주부 엄마한테도 부럽다는 얘기를 많이 듣는 몸.

"애가 여차해서 아플 때는 끼고 일할 수도 있고, 아이가 안정감

있게 클 수 있고……."

"하고 싶은 일 하면서 돈도 버니까 얼마나 좋아요……."

뭐 좋게 보면 그렇게 보일 수도 있는데, 한 꺼풀만 뒤집어보면 이런 해석도 된다. 남들은 돈도 벌면서 아이도 직접 키울 수 있어서 얼마나 좋으냐고들 하지만 생각하기에 따라서는 나처럼 집에서 일하는 사람은 직장 다니는 엄마와 전업주부 엄마의 나쁜 점도 다 갖고 있는 것이다!

과로나 감기로 컨디션이 안 좋을 때는 왜 내가 일, 육아, 가사, 그 모든 것을 다 해야 하는지 억울하기 짝이 없다. 아이가 어린이집에 가 있는 동안 골방 작업실에서 점심 먹을 때 빼놓고는 안 나오는데 화장실에 가기 위해 나올 때마다 나름 몸 움직여 운동한답시고 가사일을 하나씩 해치우는 몹쓸 습관이 들었다. 설거지 한 번, 청소 한 번, 밥 한 번 등. 점심 먹는 삼십 분 말고는 거실에 나오지도, 소파에 누워 있지도 못했다. 나의 집은 그저 확장된, 거대한, 총체적인 일터였다.

한동안은 그렇게 효율적으로 움직이는 나 자신이 한없이 기특했다. 그러다 유독 몸이 안 좋았던 어느 날 문득 나 자신이 '마미 로봇'이 된 것 같아 너무 슬퍼서 주저앉아 넋을 놓고 있었다. 일 때문에 늦게 들어올 수밖에 없는 남편이 야속하기도 했고 때로는 눈 딱 감고 가사 도우미를 파트타임으로 고용하고 싶기도 했다.

나의 로망은 입주 가사 도우미를 두어 달만 두고 온종일 질릴 때까지 오로지 딱 한 가지 일, 주구장창 글만 쓰는 것이었다. 자꾸 중간에 맥이 끊기고 전혀 다른 종목의 노동을 산만하게 멀티로 해야 하는 것이 점점 짜증이 났다. 아이가 잠든 후 다음 날 아침 일찍 일어나야 한다는 걱정 없이 밤을 지새우며 창 너머 별과 달을 멍하니 바라보면서, 마치 심오한 생각에 잠긴 작가인 양 담배와 커피를 앞에 두고 글을 쓰고 싶었다. 그러나 내가 동경하는 '건강하지 못한 다크한 작가 생활'은 턱도 없었다. 다음 날 아침 일곱 시면 나는 맑은 기운으로 일어나 힘찬 발걸음으로 아이를 유치원에 데려다 줘야 했기에.

때로는 지금 당장 쓰고 싶은 글이 있는데 하필 그때 딸아이와 함께 있다면, 나는 딸아이에게 양해를 구하고 컴퓨터 앞에 앉아서 글을 썼다.

"엄마가 지금 너무 쓰고 싶은 글이 있어. 조금만 기다려줄 수 있겠지?"

정말이지, 지금 이 타이밍을 놓치면 나중에 이 기분으로 쓰긴 힘들 것 같았다. 아이는 조금 서운해하며 묻는다.

"엄마가 컴퓨터로 글씨 쓰기 할 거면, 난 스케치북에 글씨 쓰기 할 거야."

나름 합리적인 거래를 하려고 해보지만 어떻게든 엄마와 가까이 있으려는 마음이 느껴져서 짠하기만 하다. 나는 아이가 베푼 관용으로 잠시 육아 일을 멈추고 글을 썼다. 때로는 육아 에세이를 쓰기 위해 잠시 육아를 방치한 적도 있었다.

　욕망에 현실적이고 효율적인 방식으로 접근하되 그럼에도 꼭 해야 하는 것들은 반드시 가급적으로 해내는 것, 그리고 꼭 하고 싶은 일들을 위해 다른 여분의 일들을 가지치기함으로써 내 에너지를 아끼고 집중시키는 것, 이를 위해 생활을 가급적 단순화하는 것이 내게는 중요했다. 솔직히 이래야지 내 아이가 더 예뻐 보이기도 했다.

　가끔 딸아이는 내게 "엄마는 왜 자꾸자꾸 안 웃어?"라고 천진난만하게 묻곤 한다. 일하랴 살림하랴 육아하랴. 몸이 약한 나로서는 솔직히 때로 이만저만 힘든 게 아니다. 지친 표정도 어쩔 수가 없다. 하지만 그럴 때마다 아이가 내게 한 수 가르쳐주고 있다고 생각한다. 엄마, 무리하지 말라고. 난 무엇보다 엄마가 기쁘고 행복하고 나를 향해 미소 지어줄 때가 제일 좋다고. '엄마, 엄마가 정 힘들어서 부탁하면 주변에서 도와줄지도 몰라. 당장 나부터라도 조금 참고 엄마를 봐줄게.' 어쩌면 육아에서 유일하게 맞다고 확신할 수 있는 것은 아이의 소리를 귀 기울여 듣는 일일지도 모른다.

　어떤 형식으로든 일하는 엄마들은 자신들이 더 강해지기보다 아이를 포함한 주변 사람들에게 더 적극적으로 도움을 빌리는 용기가 필요할 것 같다. 내게 일하는 엄마들은 책임 의식에 혼자 끙끙 싸매며 모든 일을 끌어안고 있다. 해오던 방식에 급격한 변화를 주는 것은 은근히 어렵다. 그러나 입을 꾹 다물고 혼자 무리하기보다는 일에 접근하는 방식을 바꾸는 것을 당당히 선언할 수만 있다면, 그 순간부터 남편을 포함한 주변이 더불어 반응하고 달라질 것이다. 말은 지금 그럴싸하게 하고 있는 나도 실은, 너무 힘들어서 아이 앞에서 넋 놓고 운 적도 몇 번 있지만.

어둠 속의 대화

　엄마와 아이는 서로에게 사랑을 속삭인다. 여자와 남자가 잠이 들기 전에 서로를 필사적으로 잊지 않으려고, 잃지 않으려고 사랑을 나누는 것처럼.
　"나만 쳐다봐."
　잠시 잠들 자세를 가다듬느라 뒤척이며 자신에게 등을 보이는 나에게 아이는 단호한 목소리로 말한다.
　"그리고…… 이야기해줘."
　하는 수 없이 나는 다시 아이 쪽으로 몸을 틀고 누워 마주본다. 아이는 내 두 볼을 손으로 어루만지며 사랑하는 사람을 보듯 반짝이는 눈빛으로 나를 쳐다본다. 내가 즉석에서 되도 않는 이야기를 만들어서 해주면 아이는 열심히 경청하며 이런저런 질문을 던진다.
　"이야기 다 끝났는데?"

그러자 이렇게 말하면서 몸이 부서지도록 나를 꼬옥 껴안는다.

"엄마, 사랑해."

평소에는 쉽게 하지 않는 "사랑해"라는 고백을 굳이 자기 전에 밤에 하는 이유는 어쩌면 눈을 감고 꿈나라로 가면 엄마와 영영 헤어져야 한다는 공포 때문인지도 모르겠다.

한번은 잠이 들기 전에 누워서 이러쿵저러쿵 얘기를 하다가 거의 잠들락 말락 할 때 점점 서로 말수가 적어지는데 갑자기 암흑 속에서 윤서의 가냘픈 목소리가 울려 퍼졌다.

"아이 라브 유~ 임경선."

화들짝 놀란 내가 획 등을 돌려보니 그새 아이는 그 말을 하고선 곯아떨어졌다.

사랑을 나눠도 갈증과 아쉬움을 느끼면 아이는 '머리끝부터 발끝까지 사랑해요' 놀이를 제안한다. 그것은 머리끝부터 발끝까지 하나하나 쓰다듬고 토닥거리고 간지럽히며 한 부위 한 부위를 예찬해달라는 구애다. 자신의 몸 모든 부분이 깊이 사랑받고 있음을 황홀하게 확인하는 의식.

윤서 머리카락은 윤이 반짝반짝 나고 새까맣고 좋은 비누 냄새가 나서 너무 향기롭고

윤서 눈은 초롱초롱 빛이 나고 속 쌍꺼풀도 깊어서 너무 예쁘고

윤서 배꼽은 지렁이처럼 주름이 많고 팝콘처럼 구수~한 냄새가

나고

　　윤서 발바닥은 맨질맨질 부드러워서 얼굴에 막 비비고 싶고……

때로는 슬픔을 나누는 밤도 있다.
"왜 그러는지 모르지만 갑자기 눈물이 날 때가 있어."
엄마한테 처음으로 고민을 상담한 것도 잠자리에 들기 전 그 시간이었다.
"나 마음이 좀 슬픈데 선생님은 내 얘기 들어줄까?"
"나 응가 해야 될지도 모르는데…… 부끄러운데 얘기할 수 있을까?"
"선생님이 화내면 어떡해?"
아이는 맥락 없이 하고 싶었던 말을 계속 털어놓는다.
어렸을 때 학교에서 힘들었던 일을 일절 엄마한테 얘기하지 않고 센 척하며 커버린 나로서는, 아이가 속으로 끙끙 참는 게 싫었지만 똑 부러지고 단호하게 아이를 안심시킬 능력도 없으니 똑같이 속상해져서 울상이 되고 만다.
"으아, 너무 속상했겠다!"
"정말 싫었겠구나."
"진짜 힘들었겠다. 아, 엄마가 다 짜승 나."
아이가 느끼는 그 순간의 감정을 어떤 형태로든 부정하거나 한시라도 빨리 그 상황에서 빠져나오게 하고 싶지 않았다. 아이가 내게 자신의 솔직한 감정을 토로하는 것만큼 고마운 일이 어디 있을까? 자신의 속 깊은 얘기를 꾸밈없이 하고 나서 최소한 그 마음이 받아들여지고 있구나, 그것만 느낄 수 있어도 구원이 아닐까. 비록 자기변명 같은 말이라고 해도, 아이가 변명을 충분히 천천히 할 수 있게 놔두고 싶었다. 왜냐하면 아이는 분명히 시간이 지나면 스스로의 마음을 돌아보고 이내 치유해서 혼자 다시 일어서는 법을 터득하게 될 테니까. 그래서 아이가 속상하고 화나고 울고 싶어해도 내가 할 수 있는 말은 그저 이런 것들.

변함없이 여기는 너의 집이고
나는 너의 밥을 지을 것이고
누군가의 품이 그리우면 내가 언제든지 너를 먼저 안을 거야
너의 좋은 점도 나쁜 점도 모두 받아들이고
기쁨도 슬픔도 함께 공감해줄게.

아이보다 늘 엄마 쪽이 더 감상적이었다. 이런 일련의 생각들을 멍하니 하다 보면 아이는 주저리주저리 혼잣말의 하소연을 멈추고 불쑥 이렇게 결론짓는다.
"뭐, 할 수 없지."
맙소사, 이건 완전 내 입버릇이다.
"원래 그런 거지 뭐."

연이어 하나 더 나왔다. 내가 평소에 하는 소리를 하나도 안 빼고 듣고 있구나.

"정말 괜찮을 것 같니?"

나는 조심스레 아이가 스스로 해결하는 것에 묻어가려 한다.

"응. 괜찮은 것 같아."

'괜찮아'처럼 마법 같은, 편안해지는 말이 어디 있을까? 그건 포기하는 게 아니라 우리를 둘러싼 기분을 바꾸는 말이다. 그 말 한마디가 입가에 맴돌 수 있다면 훌훌 털고 다음 단계로 넘어갈 수 있다. 자고 나면 새로운 날을 맞이하게 될 거야.

"그럼, 우리 괜찮아진 기념으로 그림자 놀이 할까?"

우리는 달빛이 비치는 흰 벽면을 향해 컹컹 짖는 개와 날렵하게 걸어가는 꽃게, 하늘을 나는 솔개를 손그림자로 만들면서 잠시 즐긴다. 그러고는 허공에 뻗은 팔이 묵직해질 무렵 잠을 청한다.

"윤서야, 우리 이만 자자."

"응, 꿈에서 만나~"

딸과 나는 두 손을 꼭 잡는다. 그런데 먼저 자자고 해놓고선 왠지 뭔가 아쉬워서 내가 묻는다.

"윤서는 엄마 얼만큼 좋아해?"

아이는 잠시 생각하는 척하다가 난감하면 꼭 이런 식으로 대꾸한다.

"엄마가 물어봤으니까 엄마 먼저 얘기해."

"알았어. 엄마는 윤서가…… 하와이의 무지개만큼 좋아."

아이는 흐뭇한 미소를 지어 보이며 자기도 지지 않겠다는 듯이 말한다.

"그럼 나는 엄마가…… 달님의 토끼만큼 좋아."

우리는 누가 먼저랄 것도 없이 이번이 정말 마지막이라는 듯 와락 한 번 더 세게 껴안고 자세를 다시 잡는다. 아이는 나의 목 냄새를 맡고 나는 아이의 달짝지근한 정수리 냄새를 맡는다. 어느새 쌕쌕거리는 숨소리만이 방 안을 가득 채운다.

결혼 생활의 슬픔과 기쁨

남편은 여태껏 단 한 번도 내가 쓴 책을 읽은 적이 없다. 내가 쓴 신문 칼럼도 읽지 않는다. 다만 신문사에서 일하다 보니 내 칼럼이 실린 신문을 스크랩하라고 슬그머니 챙겨오긴 한다.

지금 이 책이 그가 읽을 나의 첫 책이 될 것이다. 나도 그가 십수 년간 쓴 기사를 거의 읽은 적이 없으니 불평할 건 없다. 이 얘기와 더불어, 통장 관리를 따로 한다고 하면 사람들은 의외로 놀란다. 그러나 이것은 지극히 우리다운, 자연스러운 일이다. 혹자는 이렇게 묻기도 한다. "아내가 연애에 대한 글을 쓰면 남편분이 싫어하지 않아요? 아무래도 자신의 연애 얘기도 불가피하게 나올 텐데……." 그래서 남편에게 대놓고 물은 적이 있다. 왜 안 읽는지. 남편은 내 글을 안 읽는 유일한 이유가 내가 쓰는 주제에 전혀 흥미를 못 느껴서, 라고 대답했다. 그러나 나는 아내가 쓰는 글의 내용을 일절 검열하지 못하는 남자의 딜레마와 슬픔도 어렴풋이 알 것 같았다.

•

만난 지 삼 주 만에 청혼받았다.

내가 지금의 남편과 결혼하기로 결심한 이유는 내가 가진 모든 감정을 상대에게 퍼부었을 때 한 발짝도 뒷걸음질치지 않고 의심 없이 다 기쁘게 받아준 유일한 남자였기 때문이다. 그것은 내 인생에서 기적에 가까운 일이었다. 왜냐. 죄다 무섭다고 도망갔으니까.

만약 우리가 그때 뭔가에 홀려서 한 달도 채 안 돼 급하게 결혼을 서두르지 않고 "앞으로 차분하고 진지하게 만남을 가져보자" 같은 어른스러운 밀고 당기기 따위를 하면서 교제를 시작했더라면 아마 그와 나는 결혼까지 다다르지 못했을 것이다. 인생의 크나큰 선택들은 그간 여러 경험의 축적과 신중한 준비를 바탕으로 이성적인 판단을 내려 이루어지기는커녕, 당시의 정황에 따라 말려들어가듯 순식간에 결정지어지는 거라고 생각한다. 그리고 그 정황이란 흔히 '타이밍', 어떤 이들에게는 '운명', 또 어떤 이들에겐 '신의 장난'으로 저주의 대상이 되기도 한다.

연애에 대해 글을 쓰는 내가 매체 인터뷰를 할 때 가끔 "남편과 만난 지 삼 주 만에 청혼받았다"라는 대답을 하면 특히 젊은 미혼 여성 기자들의 경우 "와아~ 역쉬"라며 마치 운명적인 사랑을 목격한 양 탄복의 한숨을 내쉰다. 하지만 실은 나 역시도 여러 정황들의 사주를 받은 셈이다. 첫째, 그 당시만 해도 다들 이십 대에 결혼하는 분위기라 나는 서른을 목전에 두고 절박한 심정이었고, 둘째, 그간의 지리멸렬한 연애사에 종지부를 찍고 싶었으며 모르긴 몰라도 결혼이라는 걸 무척 하고 싶었던 것 같다. 그런데 하필 그럴 때, 셋째, 당시 만나던 우유부단한 초식남이 너무나 답답하게 굴어 짜증이 나 있었다. 이때 지나가던 행인 1의 존재감이었던 한 남자가 끼어들게 되었고. "뭐 그딴 놈이 다 있어? 됐어, 다 집어치워!"

참으로 대조되는 THE 육식남의 기세에 나는 확 불이 붙었고, 나의 연애 상담을 들어준 그 남자와 기어이 사랑에 빠지게 된 것이다. 한눈에 반한 운명적인 열애? 속사정은 이렇게 한 초식남의 우유부단함이 맺어준 사이였다. 가끔 남편은 그 시절을 곱씹어보며 중얼거린다.

"마누라…… 그때 그 친구가 없었다면 아마 우린 결혼 못했을지도 몰러."

그 초식남에게 고마워하는 건지 원망을 하는 건지는 여전히 알 수가 없다.

•

대개 그렇게 급하게 콩깍지 씌어 결혼하면 얼마 후 정신 차리고 후회한다고들 한다. 하긴 이게 얼마나 급하게 진행한 결혼이냐 하면, 사랑하는 남자가 생겼고 그와 결혼을 할 거라고 엄마에게 통보했을 때 우리가 내 방 침대 위에서 나눈 일련의 대화를 보면 알 수 있다. 내심 놀라움을 숨기고 서늘하게 나를 흘겨보며 엄마는 입을 열었다.

"아버지는 뭐하시는데?"

"……"

아차.

"형제 관계는? 외아들이야?"

나는 당시 그에게 위로 누나가 셋이나 있는지도, 그가 얼마나 집에서 손 하나 까딱 안 하고 귀하게 자란 외아들인지도 몰랐다. 엄마는 짧은 한숨을 몰아쉬며 이게 마지막 기회다, 라는 듯 한 번 더 던졌다.

"그래, 어느 학교 무슨 과 나왔는데?"

아뿔싸, 나는 그 대답도 못했다. 엄마는 기가 막히는지 아예 방에서 나가버렸다.

실은…… 결혼 한참 후에야 나는 그가 군대에서 훈련만 받고 바로 제대했다는 사실도, 느끼한 음식을 일절 못 먹고 국 없으면 밥을 못 먹는다는 사실도 알았다. 소소한 취향도 상당히 달랐고 때로는 서운한 일도 있었지만 그런 건 별로 중요하지 않다고 생각했다. 신혼의 단꿈이 식을 무렵부터 크게 부부 싸움을 하면서 갈등을 겪는다고도 했지만 우리에게 그런 시련은 오지 않았다. 왜냐하면 우리에겐 병마라는 확고한 공통의 적이 있었기 때문이다.

나는 결혼 후 얼마 안 돼서 세 번째 갑상선암 재발 수술을 받았다. 다 나았다고 생각했는데 구 년 만의 재발, 그것도 여기저기 퍼진 상태였다. 결코 이렇게 결혼 생활을 시작하고 싶진 않았다. 남편은 암담해하는 나를 가만히 지켜만 보며, 그리 놀란 내색을 않고 수술동의서 '보호자'란에 자기 이름 석 자를 감격스러운 표정으로 써 넣었다.

"거봐, 내가 이제 너 보호자야. 이거 보이지?"

참 다정한 사람.

한데 나는 근본이 이기적이고 냉소적인 여자였기에 상대가 아무리 사랑하는 사람을 위해 성의를 다하고 대신 아파주고픈 마음을 품는다 해도 결국 힘들고 괴로운 것은 몸이 아픈 당사자라고만 생각했다. 서른이 채 안 된 나이에 도합 세 번, 프랑켄슈타인처럼 목을 선 따라 죽 찢고 그 안을 긁어내는 경험은 단순히 미관상의 문제를 떠나 근본적인 체력 저하를 가져왔다.

한창 몸과 마음을 다해 살아가도 모자랄 나이에 침대에서 몸도 스스로 못 일으키고 늪에 빠진 듯한 기분으로 지내야 하다니 미쳐 버릴 것만 같았다. 퇴근히는 남편을 현관에서 반갑게 맞이해야 하는데 몸을 마음대로 일으켜 세우지도 못해 몇 번을 그 자리에 엎어진 채로 소리 안 내고 울었는지 모른다. 그날 하루 있었던 일을 즐거운 기분으로 아내에게 말해줄 것처럼 안방에 들어오다가 내가 고개를 돌리고 미세하게 어깨 떠는 모습을 보고 태연한 척 일부러 거실로 가서 텔레비전 소리를 키웠지만, 그런 그도 어느 날은 못 참고 그냥 내 옆에 털썩 누워 같이 흐느껴 울기도 했다. 그가 그토록 어린아이처럼 우는 모습을 본 것은 그때가 처음이었다.

이어서도 '평범한' 결혼 생활을 누릴 겨를이 별로 없었다. 엄마의 장례식을 치렀다. 내가 결혼한 직후 얼마 안 돼 병마가 발견되어 몇 년 투병하다가 가셨다. 한때 엄마와 딸이 동시에 암 투병을 하는 기이한 상황에 놓이기도 했다. 물론 같은 암이라도 상대적으로 병명이 훨씬 덜 심각했던 나는 엄마가 마음 아파하고 신경 쓸까 봐 그 사실을 함구했다. 아니 솔직히 말하자면 너무 미안해서 말하지 않았던 것 같다. 나 혼자 살게 돼서 미안해요, 난 당신 앞에서 아픈 척할 권리가 없어요, 같은 죄책감.

내가 남편을 가장 '내 가족'이라는 운명 공동체로 의식했던 것은 결혼식장이 아닌 엄마의 장례식장에서였다. 얼마 전까지도 우리는 남남이었지만 이제 서로에게 소속되어 있음을 깊이 느꼈다. 멍하니 장례식장 입구에서 돈 봉투를 받으며 사위 처신을 하던 그와, 시뻘건 육개장 그릇을 나르다가 눈이 마주쳤을 때 나는 우리 두 사람 중 누군가는 상대의 죽음을 지켜보고 책임지는 역할을 하리라는 것을 알았다. 죽음이 우리를 갈라놓을 때까지 사랑하겠노라고 맹세하는 것은 상대의 삶과 죽음을 좋든 싫든 '관리'해야 하는 것을 의미했다. 불행히도 살아 있는 인간의 배우자는 충직한 고양이와는 달리 자기가 죽을 때 되면 알아서 집을 나가 객사해주거나 하질 않는다.

그 이후에도 몇 차례 '피'를 보는 일들이 있었다. 아팠다며 징징대고 하소연하는 것을 읽어줄 의무는 독자에게 없으니 생략하기로 한다. 그러나 매일 함께 사는 배우자는 어쩔 수 없이 무자비하게 그 고통과 짜증에 노출된다. 남편과 나의 사랑은, 남편과 나의 결혼 생활은 이렇게 기쁨보다 슬픔으로 지탱되는, 그런 사이였다. 그것이 더 무겁고 깊고 근원적인 관계냐? 그건 나도 잘 모르겠다. 다만 내가 힘들고 슬플 때 돌봐준 남자를 아마도 버리진 못하겠지……라는 막연한 체념만 느낄 뿐이다. 혹은 당시의 슬픔들을 극복하기 위해 우리가 나눈, 아무런 성적 함의가 없는 몇 번의 포옹들이 우리를 십 년 넘게 지탱해주었는지도 모르겠다.

•

사람들, 그중 특히 남자들은 내게 곧잘 "남편 참 잘 만났다"라고 평했다. 남편쯤 되니까 나 같은 여자를 데리고 산다는 거였다. 대체 나 같은 여자가 뭔데. 어디가 어때서. 쳇.

사실 나는 결국 아무리 쫑고 까불어도 남편의 커다란 손바닥 위에서 놀고 있는 것이다. 그는 결코 손바닥을 모아 나를 꼼짝하지 못하게 붙들고 있지도 않는다. 환하게 손바닥을 펼치고 있어 네 마음대로 하라고 하지만 손바닥을 못 벗어나는 것은 여지없이 나였다.
 그와 나를 다 아는 지인들은 우리의 결혼 생활이 오래 못 갈 거라고 점쳤다. 특히 나의 과거 연애사를 잘 알고 있는 친구들은 남편이 내 이상형이나 내 취향의 남자가 아님을, 내가 지나치게 변덕스럽고 뜨거움을 너무도 잘 알고 있었다. 남편이 내가 오래도록 목을 매왔던 타입이 아님은 나도 인정한다. 아니, 오히려 그게 다행이었을까?
 "정말, 괜찮겠어?"
 그들은 남편과 내게 따로따로 그 질문을 던졌다. 무리도 아니다. 주변 사람들의 기대를 저버리고 십 년도 넘게 부부라는 이름으로 같이 살 수 있었던 것은 갈등을 일으킬 만하면 기다렸다는 듯이 벌어지는 일련의 비극적인 정황들 때문이기도 했지만, 더불어 남편과 나의 유일한 공통점이라 할 수 있는 자연스럽고 무리하지 않는 성격이 큰 몫을 했다.
 남편과 나는 각자 나름대로의 성숙한, 혹은 냉소적이고 현실적인 인간관계에 대한 관점을 공유했다. 우리는 사람이 사랑을 위해 변할 수 있음을 믿지 않았다. 변한다 하더라도 '무리'를 동반했다면 그만큼 상대에게서 보상을 받아내려고 하기에 옳지 않다고 생각했다. 또한 사람은 누구나 기본적으로 혼자라는 의식이 있었다. 배우자라는 이유만으로 상대의 외로움을 무조건 달래줘야 한다고 생각하지 않았다.

이런 습성이 타이밍을 잘 못 맞추면 이것처럼 서럽고 서운한 일도 없었다. 쓸쓸함이나 고독은 결국 나 자신이 스스로 떠안을 수밖에 없고 어떻게든 내 건 내가 알아서 처리해야만 한다는 걸 알고 있었지만, 때로는 너무 목이 멜 만큼 그 거리 감각은 무자비했다. 그래도 딱 그때만 꾹 참고 넘어가면 또다시 그 거리 감각은 그와 나 사이에 쾌적한, 환기가 잘된 상쾌한 공기를 불어넣어주었다. 자유의 대가는 분명히 있었지만, 그럼에도 아름다운 구속만큼은 피했다.

•

어느 날, 예고도 없이 거리 감각의 균형을 깨트린 것은 제3자의 등장이었다. 사랑의 결실이라 불리는 그 폭군 같은 천사, 그와 나 사이에 생긴 아이 말이다.

"아이 낳아봐. 아이 낳으면 세상이 달라 보여. 아이만은 꼭 있어야 해."

사람들은 곧잘 이렇게 아이의 존재를 찬양했다. 하지만 아이 낳으면 생길 좋은 일 중 흔히들 오해하는 하나는, 아이를 낳으면 부부 사이가 더 돈독해질 거라는 믿음이나. 아이가 있으면 이혼하기 조금 더 힘든 것은 맞겠지만 그렇다고 아이가 생겨서 부부 관계가 더 돈독해지는 건 아니다. 나는 어떤 이유에서건 아이 낳는 것을 선택했지만 아이가 있는 것이 부부 관계에 위협이 된다는 쪽에 수긍하는 편이다.

나는 아이가 없던 시절 밤이면 밤마다 하염없이 남편과 부둥켜안고 소파에 누워 비디오를 보던 때가 그립다. 손잡고 다니다가 별것도 아닌 일로 싸워 따로 다니다가 다시 화해하고 손잡고 다니던 예측 불가능한 여행길이 그립다. 우리는 이제 밤이면 우리가 보고 싶은 것도 못 보고, 여행길에서 마음 놓고 싸우지도 못한다. 무엇보다 우리는 늘 '너 아니면 나였는데 도망갈 구석이 생겼다는 것 자체가 반칙할 거리를 제공해주는 셈이 되었다.

아이 관련 대화도 부부 관계를 더욱 견고하고 화기애애하게 만들어주기보다는 대부분의 경우 짜증을 억누른 역할 분담, 숙제 확인 같은 것에 불과했다. 사실 아이를 낳기 전까지 칠 년간 남편과 내가 하던 것은 어쩌면 결혼 생활이 아니지 않았을까라는 의심마저 들었다. 아이를 낳고 보니 남편이 원래 나를 만나기 전까지는 완고한 독신주의자였다는 말이 괜히 나 듣기 좋으라는 허튼 소리가 아니었음을 깨달았고, 나 역시도 결혼 생활에 근본적으로 잘 맞지 않는 여자라는 막연한 느낌이 괜한 의심이 아니었음을 알았다.

어느덧 남편보다 가끔 들르는 육아 도우미나 가사 도우미의 존재가 더 사랑스럽게 느껴지기 시작했다. 혹은 아예 내가 혼자 아이를 키우는 것이 낫겠다는 생각마저 들었다. 공동 책임이라는 이유로 서로 합의하고 조정할 필요가 없으니 최소한 내 마음대로, 내 스케

줄대로 할 수 있지 않은가. 2인 1각으로 달리는 것은 은근히 지치는 일이다. 하지만 어쩔 수 없다는 것도 안다. 내가 처음부터 준비된 유능하고 좋은 엄마가 아닌 것처럼, 그 역시 처음부터 준비된 좋은 아빠일 수 없다. 그리고 사랑하는 남자의 서툰 모습을 보는 것은 썩 유쾌한 일이 아니다.

가장 자연스럽고 자유로운 모습으로 생활하던 우리는 뭔가 부자유스럽고 부자연스러워지기 시작했다. 그럴수록 남편과 나의 얼굴에는 '좋은 아빠' '좋은 엄마'라는 가면이 덧씌워지기 시작했다. 특히 우유 광고나 보험 광고에나 나올 법한 '엄마·아빠·아이'라는 삼각 구도의 훈훈하고 완결된 가족 이미지에 씁쓸했는데, 나는 차라리 아이와 각 부모간의 내밀한 관계에서 오는 기쁨이 더 진실하다고 느꼈다. 어쩌면 단순히 나는 그냥 가족이라는 단어가 싫었던 것일 수도 있다. 가족이 유발하는 그 '부정의함'을 견딜 수가 없다던 이야기도 생각났다.

스트레스를 단적으로 표현하면 '숨막힘'이라고 해야 될 것 같다. 남편과 나는 아무리 서로 친밀해도 통풍이 되는 지점을 확보하고 있었다. 하지만 아이는 우리에게 쾌적한 거리 감각 따위는 요구하지 않는다. 숨막히도록, 터지도록 가까운 사이를 원한다. 엄마와 아빠는 아이를 실망시키지 않기 위해 애써 그 요구에 각자 나름 최선을 다해 맞추려고 노력한다. 그러다 보니 우리의 감정 노동은 아이에게 소진될 대로 소진되어 서로를 위해 남은 것이 별로 없어진다.

가뜩이나 그 무엇보다도 나 자신과의 시간이나 소통을 일적으로나 사적으로 절실히 필요로 하는 나 같은 속이 빈약한 사람은. 또한 아이와의 친밀감이 깊어질수록, 상대적으로 그간 아무 문제의식 없이 유지해왔던 산뜻한 남편과의 거리가 냉랭한 무관심으로 느껴졌다. 그렇다고 아이와의 관계와, 배우자와의 관계에 온도의 균형을 맞추려고 한다면 나는 체력적으로도 정신력으로도 숨이 막혀서 도저히 견뎌낼 수 없을 것이다.

그럴 땐,

도망치는 수밖에 없다.

"음식물 쓰레기 좀 버리고 올게."

저녁을 하고 아이 밥을 먹이고 설거지와 뒷정리를 하고 난 후, 나는 뒤도 안 돌아보고 남편에게 이렇게 고하며 집을 나선다. 음식물 쓰레기를 버리고 아파트 단지 내를 조금 산책하다가 놀이터 그네를 타고 하염없이 밤하늘을 바라보며 밤공기를 호흡한다.

이 시간에 아파트 놀이터에서 그네를 타며 가만히 귀를 쫑긋 세워보면 여러 가구의 그릇 달그락거리는 소리, 토닥토닥 싸우는 소리, 아기 칭얼대는 소리가 들리곤 한다. 나는 그 어떤 소음도 나지 않는 곳으로 가고 싶다는 생각을 하며 이 차림 그대로 가출하는 상상을 한다. 왼쪽 호주머니엔 신용카드와 아파트 열쇠, 오른쪽에는 휴대폰, 필요한 건 다 있다. 이대로 인천공항으로 가버리면 어떨까. 세 식구가 밤새 한 공간에서 부대끼며 친한 척을 해야 한다니, 답답해서 견딜 수가 없으니까.

남편은 내가 쓰레기 버리러 나간다는 핑계로 한참을 안 오니 숨겨놓은 애인하고 몰래 통화하느라 늦는다고 생각할지도 모르겠다. 휴대폰을 앞치마 주머니에 집어넣고 나오는 폼이라니 영락없이 딱 그 모양새다. 하지만 속으로 무슨 상상을 하건 간에 내가 쓰레기 버리는 핑계로 밖에 나와 텅 빈 캄캄한 놀이터를 배회하는 사이, 남편은 "니네 엄마는 왜 안 오냐"라고 투덜대면서 딸과 함께 보드 게임을 세 판쯤 하고 있을 것이다. 그리고 내심 내가 귀갓길에 슈퍼에 들러 커피맛 아이스크림을 사다 주기를 기대하고 있을 것이다.

가족 관계란 일련의 예측 가능한, 합의된 행동들을 서로에게 보여주는 관계인 것이다. 이런 숨막히는 예측 가능함이란 안심되기도 하면서 역겹다.

●

나는 늘 남편에 대해 말할 때, 비웃음을 각오하고 말한다. 그는 한마디로, 바다 같은 남자라고. 그만큼 큰마음으로 나를 품어주는 남자라고. 정말 좋은 남자라고. 아마 남편 아니었으면 난 결혼하기 힘들었을 거라고.

과장이 아니라 진심으로 그렇게 생각한다. 거듭 말하지만 우리 두 사람을 공통적으로 아는 사람들은 모두 내 남편이 대단하다고 칭찬을 한다. 그렇다. 내가 결혼 생활을 거듭하면서 실망을 느끼는 대상은 결코 남편이 아니다. 나는 '결혼 생활'에 실망을 느끼는 것이다. 그 남자가 아닌 결혼 생활이 죄인 것이다. 상대가 나쁜 것도, 내가 나쁜 것도 아니다. 부부의 관계, 남편과 아내라는 이름으로 만들어내는 관계 자체가 제멋대로 생명을 얻어 기분 나쁜 미생물체처럼 꾸물꾸물 움직이기 시작하는 것이다.

나는 그간 여러 칼럼을 통해 "상대를 사랑할 때 고작 인간인 우리가 할 수 있는 최선의 성의는 결혼"이라고 역설해왔다. 열정이 식을 걸 알면서도 그 불구덩이에 뛰어드는 것이 가장 우매하고도 열정적인 사랑의 표현이며 실제 결혼에까지 골인하려면 어마어마한 포스, 즉 운명의 작용이 필요하다고. 그러나 역시, 그때만 해도 실망감을 담보로 할 만큼 어마어마한 사랑의 힘에 방점을 찍고 있어서 이미 예측이 되어 있던 결혼 생활 자체의 실망감에는 관심조차 주지 않았다. 나는 지나치게 낭만적이고 순진했는지도 모르겠다.

결혼 생활의 실망감에 대해서는 이미 여러 기혼 작가들이 이런저런 방법으로 나지막이 토로했다. 알랭 드 보통은 최근 소설 『사랑의 기초 : 한 남자』에서 결혼이란 영원한 사랑의 맹세이기보다 "당신한테만 실망하겠어요"라는 맹세에 불과하다고 썼고, 무라카미 하루키는 단짝 일러스트레이터인 안자이 미즈마루의 딸 결혼식 축사에서 "결혼이라는 것은 좋을 땐 아주 좋지만 별로 좋지 않을 때는 나는 늘 뭔가 딴생각을 떠올린다"라며 결혼 생활의 실망감을 피해갈 수 있는 힌트를 슬쩍 던져줬다. 전혜린 역시도 "사랑한다는 것이나 산다는 것, 그중에서 선택해야 한다. 사랑하고 살아간다는 것은 지속하기엔 불가능한 것"이라고 일침을 놓았다. 그런데 찾아보니 정작 나 자신은 예전에 이런 얘기를 겁도 없이, 대체 뭘 믿고, 칼럼에서 한 적이 있더라.

"……다시 말해 '안 멋진' 모습을 보여줄 수 있는 사람이 내 인생에서 부동의 지위를 차지하는 것입니다. 서로에게 초라한 모습을 보여서 질릴 것 같으면 그건 연애에서 끝내는 게 좋겠습니다. 일상을 '실망'이라는 형태로밖에 받아들일 수 없는 상대와 어떻게 같이 살겠습니까……."

막상 이 글을 쓴 당사자는 실망감과 '아주 잘' 어우러져 살고 있다. 더욱 슬픈 일은 결혼 생활의 실망감을 하필이면 아이의 존재가 가장 크게 부각시킨다는 점이다. 아이가 있기에, 아이가 우리의 관계를 지켜줄 것이기에 우리가 서로를 더 사랑하면서 살아갈 수 있겠다는 확신이 드는 게 아니라, 이 아이가 있기에 더 이상 아무것도 묻지 않고, 아무것도 따지지 않고 이 남자와 평생 살아야 할 것 같은 체념이 주는 슬픔과 실망감 말이다. 실은 정말 실망스러운 부분은 아직 도래하지도 않았고 아무도 뭐라고 안 하는데, 그저 도망갈 수 없을 것 같은 기분 때문에 더 도망가고 싶은 아이러니는 뭘까. 실망스러운 정황이 찾아와 나를 정말로 무너뜨리기 전에 내가 먼저 실망을 예습하며 짜증 내고 있는 것이다. 실제로 나는 일부러 남편에게 별것도 아닌 일로 싸움을 걸 때가 있지 않은가. 어쩌면 이걸로 '화목한 가족'의 가면을 벗어던지고 인간 대 인간으로 가까워졌으면 하는 바람으로. 아니면 남편이 차라리 좀 더 낯설게 느껴졌으면 하는 바람으로. 이도 저도 아니면 그 후에 이어지는 격렬한 화해용 섹스라도…….

정말이지 그 어떤 장애물도, 권태도, 실망감도 극복할 수 있는 운명적이고 영원하고 완전한 사랑이 이 세상에 존재할까? 아마도 극소수 몇몇에겐 있겠지. 드넓은 세상이니 정말 가끔은 존재할 것이다. 문제는 이게 아예 없는 게 아니다 보니 사람을 잡는다. 우리를 열망하게, 노력하게 만들지만 대부분의 사람들에게는 무모한 희망 고문일 터. 대개의 평범하고 이기적인 나 같은 사람들에게는 운이 조금 좋으면 운명과 영원과 완결을 느끼고 믿게 해주는 사랑의 '순간'들은 몇 번 존재했을 것이다. 그리고 그것만으로도 충분히 두 사람의 운명은 얽혀서 움직이기 시작했을 것이다.

결국 우리네 삶은 몇 번의 그 찰나적인 순간들을 박제하기 위해 그 뒤로 많은 것들을 짊어지고 희생하는 불합리한 시스템에 다름 아니다. 나라는 존재가 때로는 남편에게 짐과 고통이 되고 나에게 역시 마찬가지가 되는 것. 그렇게 우리는 서로에게 책임을 느끼기에 아플 때는 하는 수 없이 시선을 피하면서 답답하고 뜨거워진 가슴을 쓸어내리며 어서 시간이 흘러가기를 기다리는 것밖에 할 수 있는 것이 없었다. 그러나 내게 또다시 그 운명을 느끼게 하는 순간이 찾아온다면 모든 것을 망각하고 또 한 번 무모한 꿈을 꾸려 하겠지…….

"뭐해? 어서 나와서 라면 먹으라니까."

남편은 영문도 모른 채 국자를 들고 안방 문을 불쑥 열고 머리를 들이밀며 안을 살핀다. 이불 안에서 혼자 울컥 뜨거워진 가슴을 쓸어내리고 있는 내 두 손을 그는 다행히도, 아니 불행히도 볼 수가 없다. 나는 두 손을 빼내 두통이 있는 양 헝클어진 머리를 짚어지는 시늉을 하며 이불을 걷어차고 영차, 이부자리에서 일어선다.

에필로그

천천히 안녕

어떤 엄마들은 배냇저고리부터 매해 아이가 가장 잘 입던 옷까지 차곡차곡 간직하고, 어떤 엄마들은 육아 일기를 쓰거나 영상과 사진을 모은다. 오랫동안 한 가지 일을 꾸준히 못하는 나는 대신 책을 썼다. 책이라고 하니 거창하게 들리지만 내가 한 것이라고는 그때그때의 감정을 들여다보고 토로하는 것뿐이었다.

나는 아이에게 '너는 이런 아이였단다'라며 기억하지 못하는 유아기나 유년기의 일들을 알려주기보다는 '나는 이런 엄마였고 여자였고 사람이었어'라며 나를 보여주고 싶었다. 여러모로 불완전했지만 그것이 너를 낳은 사람이고, 너를 낳고 키우는 일은 처음이라 힘들었지만 그래도 열심히 즐겁게 하려고 했다고. 덕분에 꽤 행복했다고.

윤서는 이 책을 초등학생 고학년이나 돼서야 어렴풋이 이해하기 시작할 것이다. 자신이 등장하는 책이니 신기하고 재미있기도 하고 부끄럽고 민망하기도 하겠지. 그러나 엄밀히 말해 이 책은 훗날 내 나이가 되어 있을 그녀를 위해 썼다는 편이 보다 정확할 것이다. 딸아이가 나중에 아이를 낳을지 안 낳을지는 그녀의 자유지만 지금의 내가 이 나이가 되어 비로소 과거의 엄마를 제대로 돌아보는 것처럼, 세월이 한참 흘러 아이가 지금의 나와 엇비슷한 나이가 돼서 나의 마음을 슬그머니 엿볼 수 있다면 좋겠다. 그렇게 치면 책이라는 것은 얼마나 멋진 타임머신인가.

엄마가 돌아가신 후 가장 못 견디게 힘들었던 것은 더 이상 엄마와 대화를 나눌 수 없다는 사실이었다. 엄마에게 하고 싶은 말을 다 하지도 못했고, 묻고 싶은 것을 다 묻지도 못했다. 그녀가 내 나이였을 때 어떤 꿈과 희망이 있었는지, 어떤 체념과 지옥을 겪었는지 별로 아는 것도 없이 우리는 이별하고 말았다. 원체 타고나길 말수가 적으니 수다스러운 엄마가 되기는 글러먹었지만 그래도 딸과의 시간이 소중하고 유한함을 알기에 이렇게 책으로나마 내 마음을 표현하려고 노력했다.

사랑하는 사람들은 언젠가 반드시 서로에게 어떤 형태로든 작별을 고해야만 한다. 그럼에도 한때 누군가는 나를 하염없이 사랑하고 품었음을 기억할 수 있다면 좋겠다. 나 역시도 앞으로는 누군가를 무조건적으로 사랑하고 품을 일에 설렐 수 있었으면 좋겠다.

마지막으로 일러스트를 세심히 지도해준 '라이프아티스트' 스튜디오의 김수임 선생님, 상수동 '이리카페'에서 근사한 사진을 찍어준 전찬훈 님, 그리고 속 깊은 추천사를 써준 유희열 님께 진심으로 고마움을 전한다.

사진첩

· 윤서의 여섯 살 인생

2007

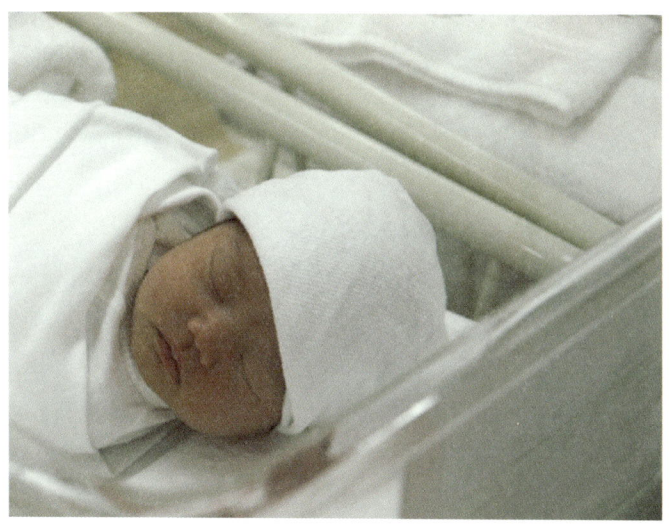

윤서야 가끔 너를 다시 한 번 낳고 싶다고 생각해.

2008

나는 예쁘고 고요한 윤서를 보며 사랑스러울 때보다
고통스럽게 일그러진 얼굴로 우는 윤서를 보며 가슴이 찢어지듯 아플 때
비로소 '아, 내 새끼구나'라고 느꼈다.

2009

어떤 때 나는 윤서가 너무 사랑스러운 나머지
머리가 획 돌 것만 같은 느낌에 휩싸인다.
반면 어떤 때는 그 사랑이 너무 고통스러워, 너무 부담스러워
자꾸 어디론가 도망치고 싶다.

2009

아무리 봐도 부모가 아이를 위해 할 수 있는 유일한 일은 정말로 가급적 아이가 가진 운명을 방해하지 않는 것, 그뿐인 것 같다.

2009

아이에겐 아이 나름의 삶과 생각들이 있구나, 라는
확실한 감촉이 느껴지니
내가 이 여자아이를 얼마나 사랑하고 있는지가 더 잘 보인다.

2010

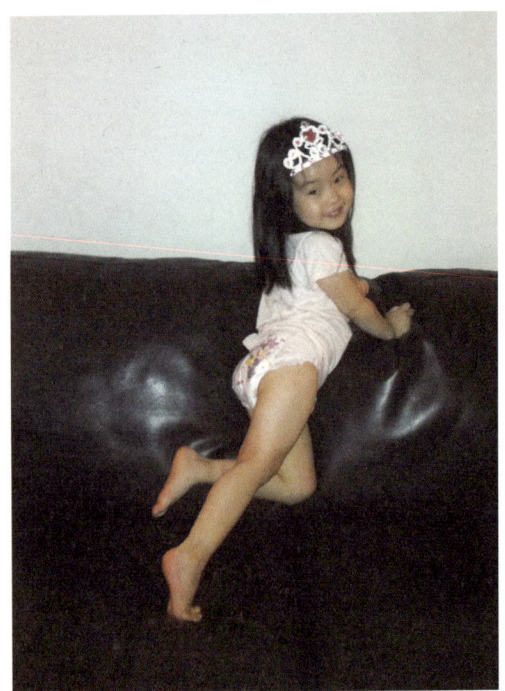

어쩌면 여자아이들은 이토록 예쁠 수가 있는 거지?

2010

아이 인생의 주인공은 어디까지나 아이이고
부모는 어디까지나 초대받지 않은 조연.
난 내 인생 살 테니 넌 네 인생 살아, 응?

2011

아, 저 착각할 줄 아는 능력 혹은 자뻑력.
저것은 바로 내 DNA.

2011

이태원 맥도날드에 멍하니 앉아 있으면
'세상엔 참으로 다양한 종류의 사람들과 삶의 방식이 있구나'라는,
이질감에서 비롯한 묘한 안도감이 있다.

2011

누가 뭐래도 아이에겐 '내 엄마'가 가장 완전한 엄마인 것이다.
그러니까 우리는 그 기적 같은 아이의 확신을
있는 그대로 행복하게 받아들이면 된다.

2011

"그 남자아이가 너에게 어떻게 했니?"
"나한테…… 메롱메롱 하고 간질간질 했어."
아, 왜 이토록 사무치게 부럽지?

2011

윤서는 내가 임신 전에 그토록 두려워하던
새침하고 잘 삐치고 예민하고 공주병이고 꽁한 성격을 가지고 태어났는데,
그것은 어느덧 시크하고 자기 주관 뚜렷하고 세심하고 자존감이 충만하고 심지가 굳은,
꽤 매력 있는 품성으로 탈바꿈되어 내게 다가왔다.

2011

산타 할아버지, 윤서 잘 때 윤서 뽀뽀해주세요
산타 할아버지, 아모고나 조도 돼요

2011

아이가 나중에 매력적인 여자로 성장하면
엄마로서 참 기쁠 것 같다는 생각이 든다.

2012

가끔 딸아이는 내게
"엄마는 왜 자꾸자꾸 안 웃어?"라고
천진난만하게 묻곤 한다.

2012

아이가 내게 무얼 해줄 것을 원하지도, 기대하지도 않는다.
다만 아이의 삶 자체가 너무 궁금할 뿐이다.
엿보게만 허락해준다면 고마울 것 같다.(유치원 입학식 날 아침에.)